LIBRO A Pre-lectura
Lecciones • Escritura • Técnica

MY FIRST PIANO Adventure®

PARA PEQUEÑOS PRINCIPIANTES

de Nancy y Randall Faber

¡Hola! Soy Tap, la luciérnaga musical.
¡Búscame a lo largo del libro!

Este libro pertenece a: ____________________________________

Traducido y editado por:
Mauricio Ramírez, Liliana Domínguez y Belinda Rizo

Agradecimiento a Ana Cristina González Correa y Mintcho Badev
Coordinador de producción: Jon Ophoff
Dirección de arte: Terpstra Design, San Francisco
Ilustraciones: Lisa Perrett, Charleston, SC
Grabado y tipografía: Dovetree Productions, Inc.

Índice

(fecha de finalización)

(fecha de finalización)

(fecha de finalización)

(fecha de finalización)

(fecha de finalización)

Conoce a tus amigos

1. ¿Puedes nombrar a 3 o 4 de tus amigos?
2. ¡Adivina qué! Ahora tienes 6 amigos más.
   Señálanos y dile nuestros nombres a tu profesor.

Katy

Carlos

Dante

Marta
y
Mily
las gemelas

Mtra. Melodía
la profesora de piano

Amigos en el piano

Pulso estable

1

¡Escuchemos!

Marca el ritmo en tus piernas, mientras escuchas la canción.
¡Disfruta cantando y aprendiendo la letra!*

Canta

Amigos en el piano, ¡una banda genial!
Las gemelas Mily y Marta conocerás.
Hola Carlos, hola Dante, Katy también.
La Maestra Melodía te guiará.

Canta y aplaude el ritmo

Marca el pulso y pasa lista:

Mily 2 3 4 5 6 7 8,
Marta 2 3 4 5 6 7 8,
Carlos 2 3 4, Dante 2 3 4,
Katy 2 3, y la Maestra Melodía.
Maestra Melodía.

Tamborilea con las manos

Bravo, suena bien. ¡Sí!
Amigos en el piano.

Pega tu
foto aquí.

*Nota para el profesor: los estudiantes pueden tomarse varias semanas para aprender la letra y los nombres de los "amigos".

¡Mi gran pose!

Postura en el piano

1. Siéntate **DERECHO** en la parte delantera de la banca.

2. Extiende los brazos. Tus nudillos deben tocar la parte **FRONTAL** del piano. Si no alcanzas debes ajustar la posición de la banca.

3. Coloca las manos sobre las **TECLAS** con los puños relajados. Tus brazos deben estar al nivel del teclado. Si están más abajo, siéntate sobre un cojín. ¿Todavía tienes la espalda derecha?

¡Esta es **TU GRAN POSE**!

IEFF1619E

4. ¡Prueba un truco grandioso!

   Equilibra un peluche sobre tu cabeza. ¿Puedes mantener una buena **POSTURA** mientras tu profesor cuenta hasta diez?

¡A escribir!

Encierra en un círculo a los amigos con **buena postura**.

1. 

2. 

3. 

4. 

Sonidos en el piano

Explora el teclado

1. Toca algunas **TECLAS BLANCAS** por todo el piano.
   Pon una ✓ en cada tecla blanca en este teclado.

2. Toca algunas **TECLAS NEGRAS** por todo el piano.
   Encierra en un círculo cada tecla negra de este teclado.

3. Encuentra la **TAPA** del piano y dale golpecitos con los puños relajados. Luego hazlo sobre la **BANCA.**

¿Puedes dar golpecitos cantando tu nombre?

4. Haz algunos sonidos **SUAVES** en cualquier parte del teclado.

5. Haz algunos sonidos **FUERTES** en cualquier parte del teclado.

6. Haz algunos sonidos muy **CORTOS** en el teclado. ¡Deja que tus dedos reboten rápidamente en las teclas!

7. Haz sonidos **L-A-R-G-O-S** en el teclado. Mantén las teclas presionadas hasta que el sonido desaparezca por completo. ¡Escucha cuánto tiempo dura!

¡Escuchemos!

Tu profesor hará sonidos en el piano. Encierra en un círculo el animal que corresponde.

1. 

2. 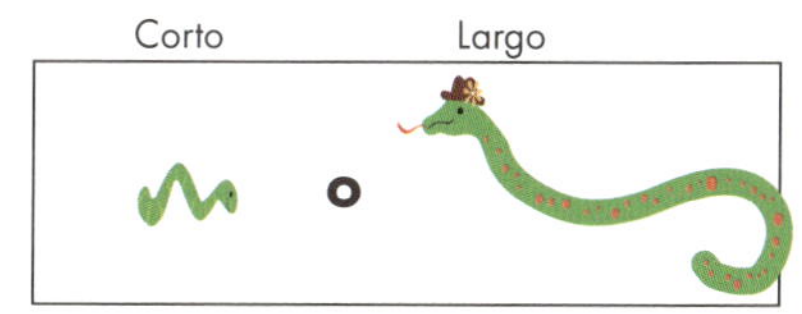

3. 

4. 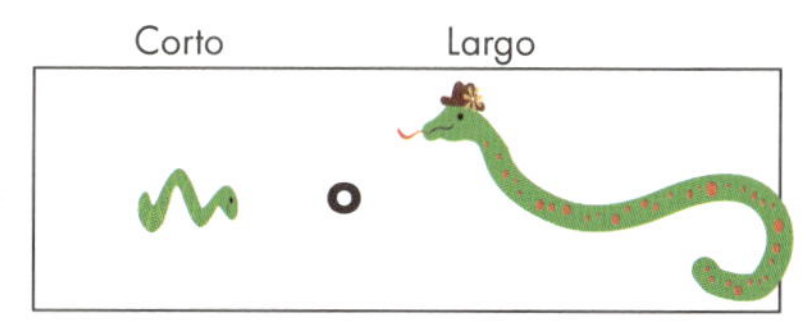

5. 

Ahora tú haz sonidos en el piano para que tu profesor escuche.

Toca así

Improvisa con acompañamiento

1. Tu profesor te dará indicaciones con la música. Haz sonidos de acuerdo a las indicaciones.

2. Encierra en un círculo un personaje al fondo de la página cada vez que toques esta canción. ¿Dónde está Tap?

Dueto para el profesor:

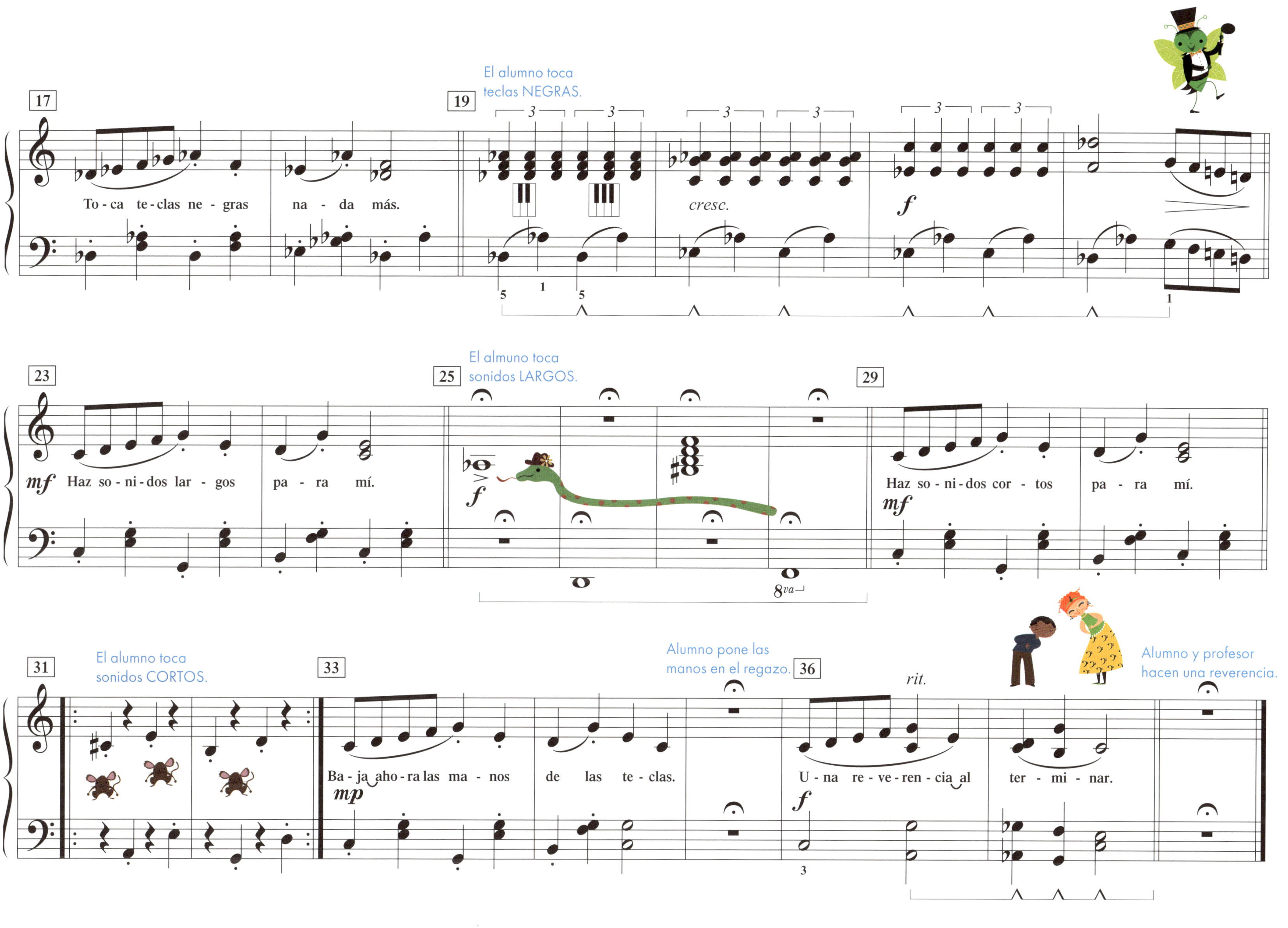
El alumno toca teclas NEGRAS.
To - ca te - clas ne - gras na - da más.
cresc.
El almuno toca sonidos LARGOS.
Haz so - ni - dos lar - gos pa - ra mí.
Haz so - ni - dos cor - tos pa - ra mí.
8va
El alumno toca sonidos CORTOS.
Alumno pone las manos en el regazo.
rit.
Alumno y profesor hacen una reverencia.
Ba - ja ahora las ma - nos de las te - clas.
U - na re - ve - ren - cia al ter - mi - nar.

Piedra en la montaña

Peso del brazo y posición redonda de la mano

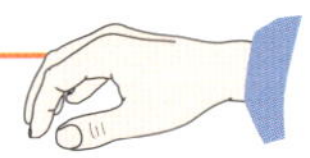

¡Haz técnica!

1. Imagina que sostienes unas hermosas piedras redondas en las manos. La piedra de Katy es roja. ¿De qué color es la tuya?
2. Aprende la letra y los movimientos de esta canción con tu profesor. ¿Puedes corear con las voces de la pista de audio?
3. Tu profesor hará el gesto de una de las imágenes. Señala la imagen correcta.

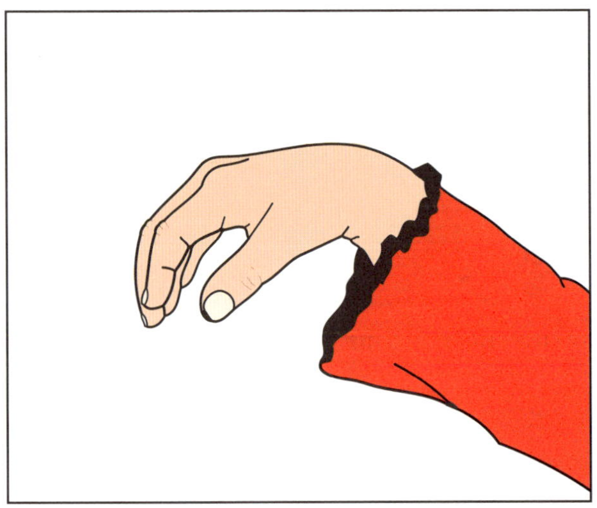

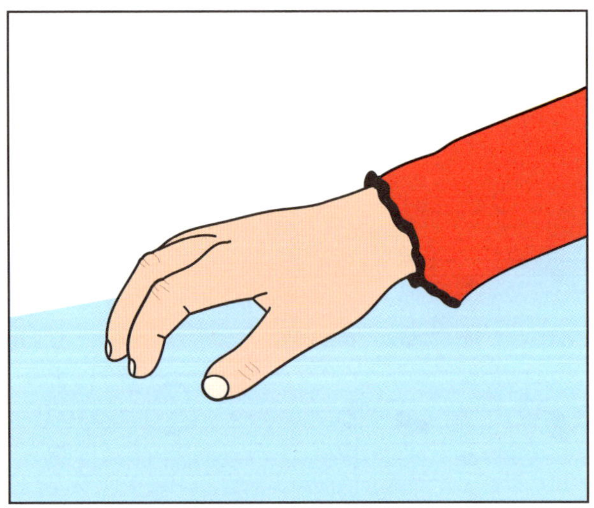

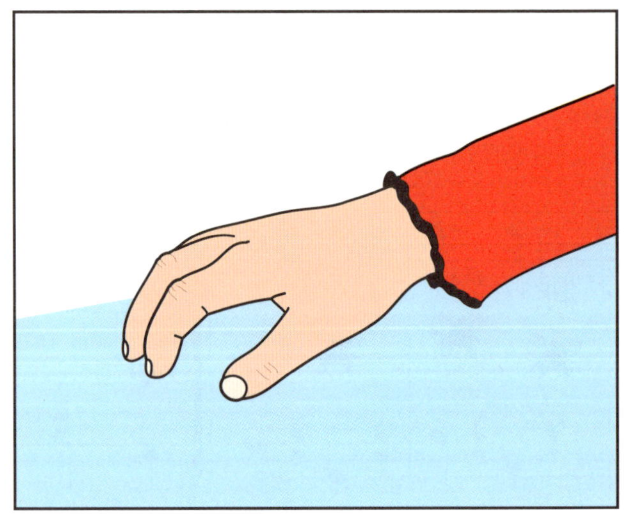

Piedra en la montaña

¡al suelo se caerá!
(Deja que el peso de tus brazos caiga libremente sobre tus piernas).

Sujeta, moldea,

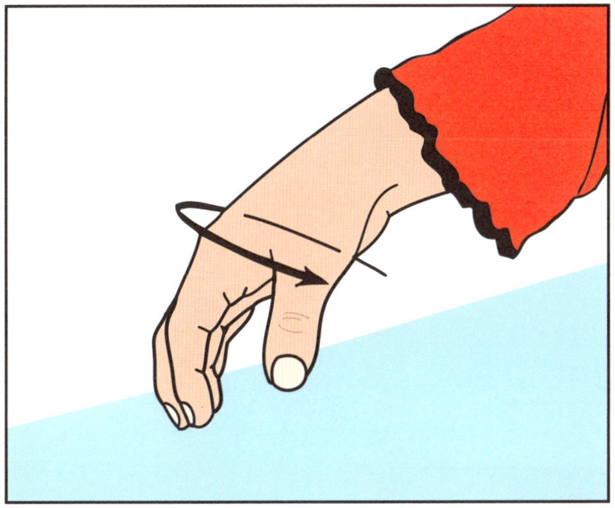

ponla a rodar.

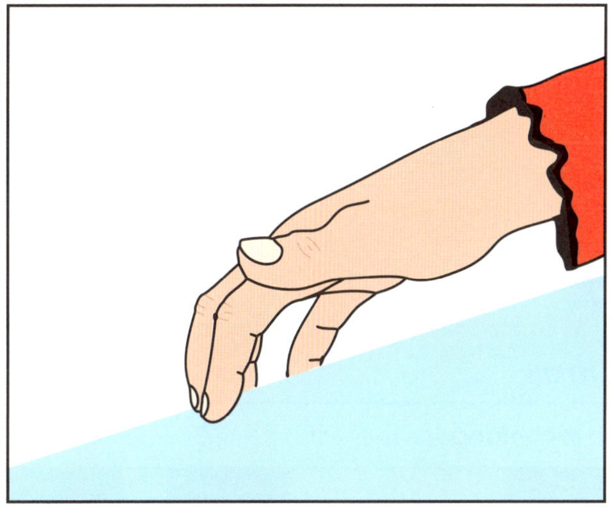

Con el pulgar cuenta 1-2-3.

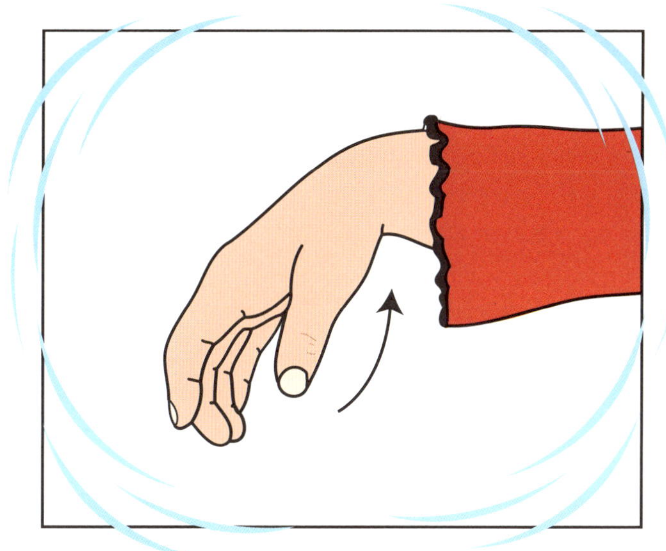

El viento soplará

y a las teclas llegarás.

Encierra una piedra cada vez que hagas *Piedra en la montaña.*

Revisa tu posición: ¿todavía estas sosteniendo tu piedra? ¿Tienes la mano en posición redonda, descansando suavemente sobre las teclas?

El juego del nombre

Muéstrale cada paso a tu alumno:

1. Con cualquier mano, haz una forma de "O" con los dedos índice y pulgar.
2. Comienza en el grupo de dos teclas negras en el CENTRO del piano. Toca subiendo y bajando mientras cantas la letra.
3. Para terminar, canta y toca tu nombre en cualquier tecla negra.

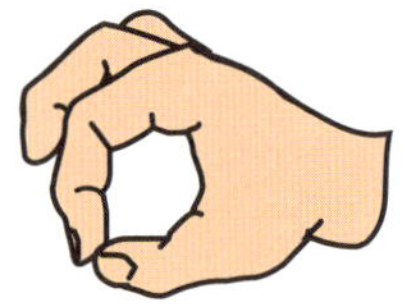

"Va - mos a ju - gar".

¡Sube tocando y cantando!

¡Baja tocando y cantando!

"¡Di tu nom-bre_a-quí!"

Para el profesor: ejemplifica tocando teclas negras en el CENTRO del piano. Usa el dedo 2 con el pulgar detrás.

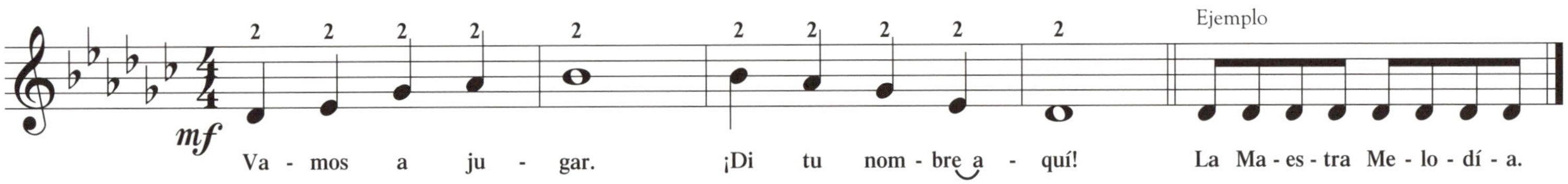

Versos extra:
Vamos a jugar.
¡di el de mamá!
¡di el de papá!

Tigre, tigre

Teclas blancas graves

Muéstrale cada paso a tu alumno:

1. Con cada mano, haz una forma de "O", como se muestra en la imagen.
2. Tu profesor tocará empezando en la tecla MÁS GRAVE, cantando ***Tigre, tigre***. ¡Observa con atención!
3. Es tu turno. Tu profesor te guiará.

¡Las teclas blancas más graves!

Toca y canta fuerte:

Ti-gre, ti-gre, ru-ge ya.

¡RUAH!

Para el profesor: demuestra tocando LA-DO en las teclas más graves.

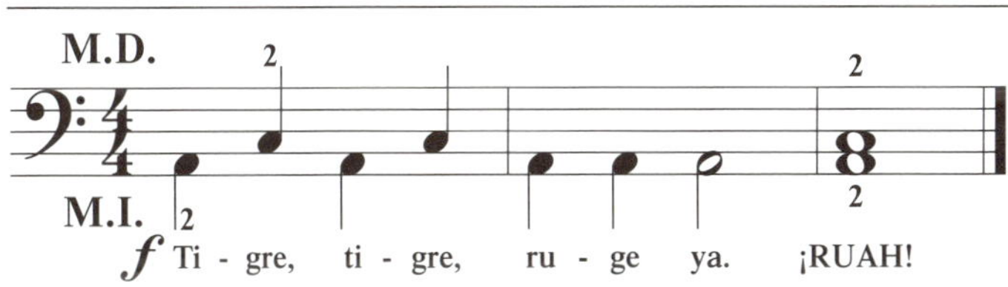

¡Escuchemos!

Tu profesor tocará 1, 2, 3, 4 o 5 sonidos GRAVES de tigre. Encierra en un círculo la cantidad que escuches.

1. Sonidos de tigre

1 2 3 4 5

2. Sonidos de tigre

1 2 3 4 5

3. Sonidos de tigre

1 2 3 4 5

4. Sonidos de tigre

1 2 3 4 5

5. Sonidos de tigre

1 2 3 4 5

Mano izquierda y mano derecha

4

Explora los números de los dedos

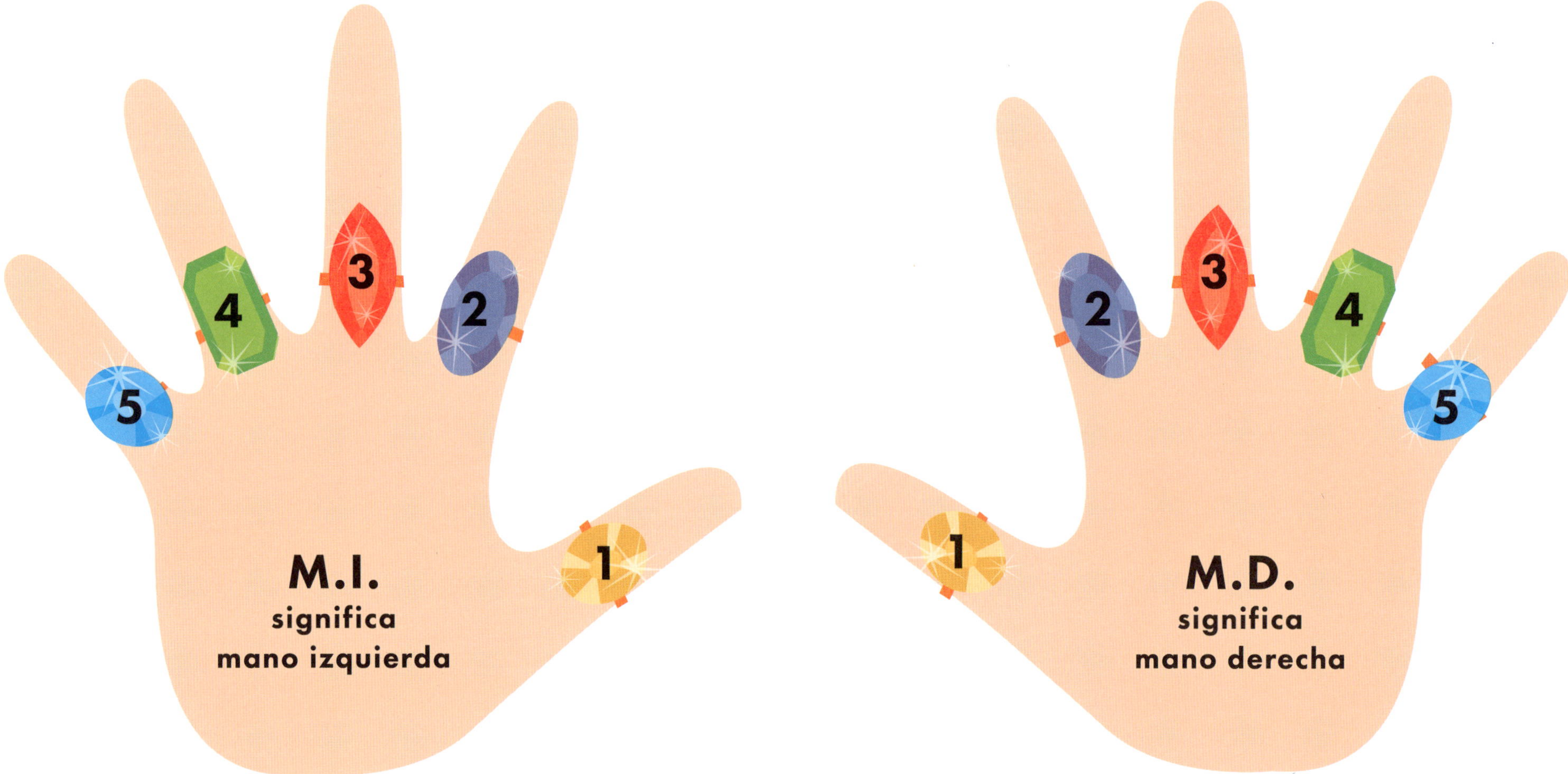

¡Haz técnica!

1. ¿Puedes colocar tus manos sobre estos dibujos?
2. Tu profesor cantará *"Este es el juego del calentamiento, hay que seguir la orden del sargento. Jinetes, a la carga, mano* **DERECHA** *(o* **IZQUIERDA***)"*. Levanta rápidamente la mano que diga tu profesor. ¡Puede dar muchas instrucciones seguidas!

¡Escuchemos!

3. Canta mientras mueves cada dedo que se menciona en *Este dedito compró un huevito* con la pista de audio.

¡A escribir!

1. Dibuja tus manos en los cuadros.
2. Ahora conecta cada anillo con el dedo correcto.

Dibuja tus manos

mano izquierda

mano derecha

¡A escribir!

Sombrea la tecla que esté ABAJO de la tecla marcada.

1. 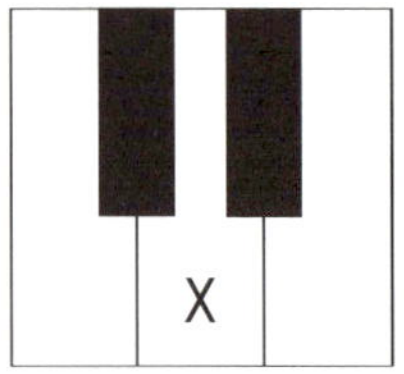

2. 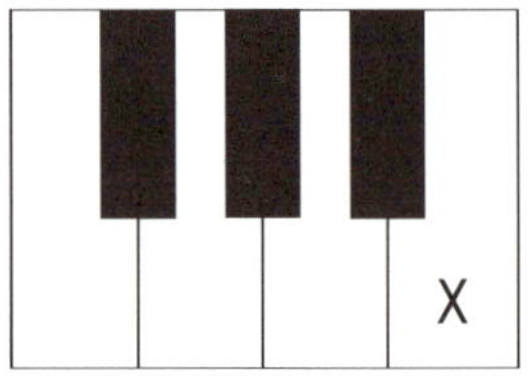

3. 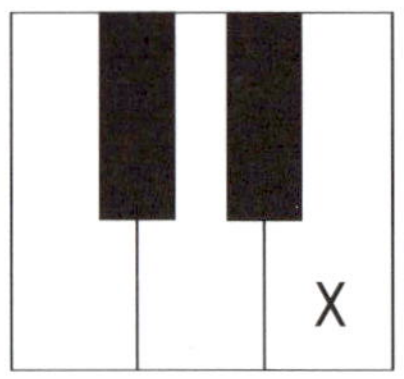

4. 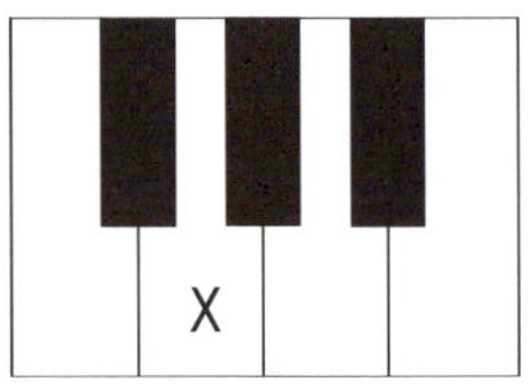

Donas con leche (M.I.)

Teclas blancas bajando por el teclado

¡Mientras más bajas por el teclado, más grave es el sonido!

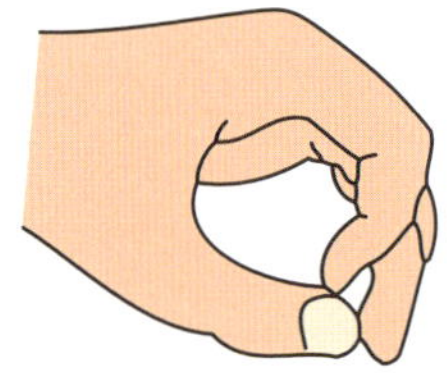

← **GRAVE**

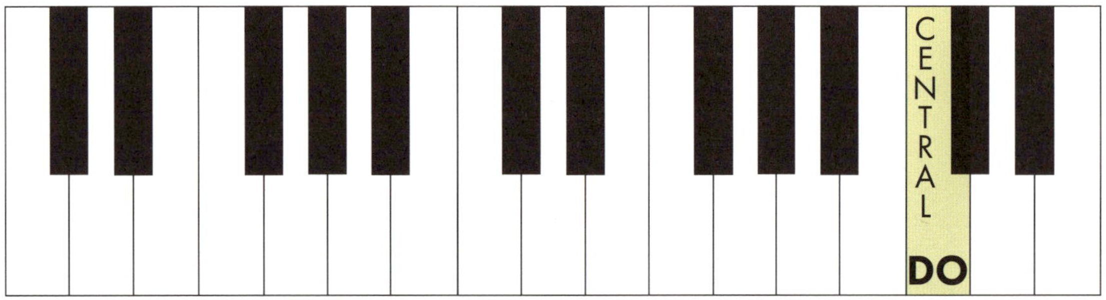

1. En el aire, con tu profesor:

Haz una **dona de M.I.**, **dedos 3 y 1**. Mueve la mano desde la muñeca para "remojarla en leche". Di: "moja, moja".

2. En el teclado:

Pon la **dona de M.I.**, **dedos 3 y 1** en DO CENTRAL. Toca todas las teclas blancas BAJANDO (a la izquierda). Mientras tocas, piensa: "moja, moja, moja" etc.

3. Encierra en un círculo una dona cada vez que "remojes tus donas" esta semana.

IEFF1619E

Donas con leche (M.D.)

5

Teclas blancas subiendo por el teclado

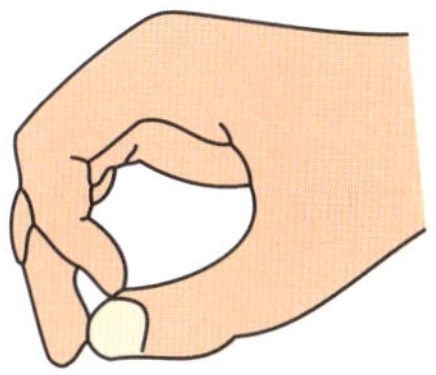

¡Mientras más subes por el teclado, más agudo es el sonido!

AGUDO

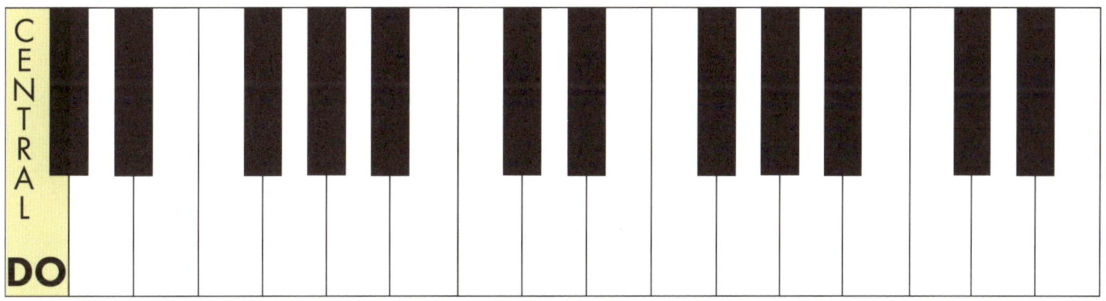

1. En el aire, con tu profesor:

Haz una **dona de M.D.**, **dedos 3 y 1**. Mueve la mano desde la muñeca para "remojarla en leche". Di: "moja, moja".

2. En el teclado:

Pon la **dona de M.D.**, **dedos 3 y 1** en DO CENTRAL. Toca todas las teclas blancas SUBIENDO (a la derecha).

Luego toca con tu profesor o con la pista de audio, siempre manteniendo un pulso estable.

Acompañamiento para el profesor (el alumno comienza en DO CENTRAL):

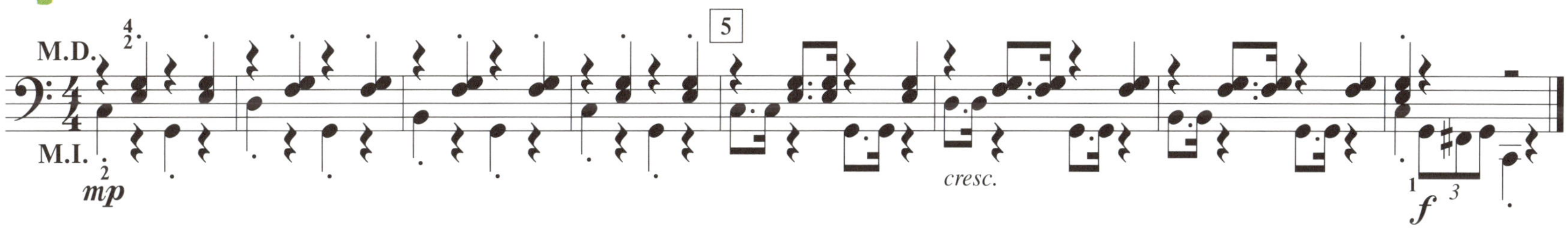

¡A escribir!

Sombrea la tecla que esté ARRIBA de la tecla marcada.

1. 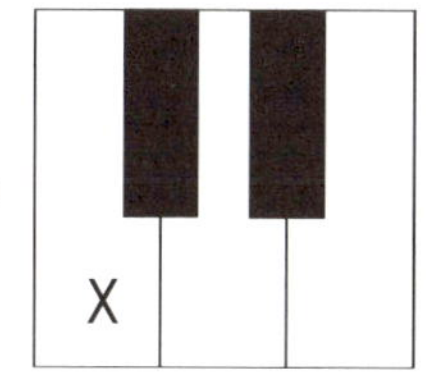

2. 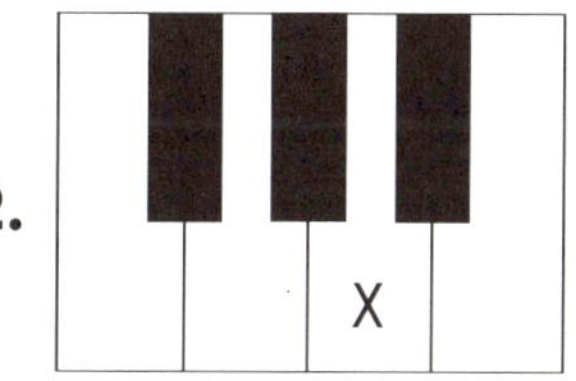

3. 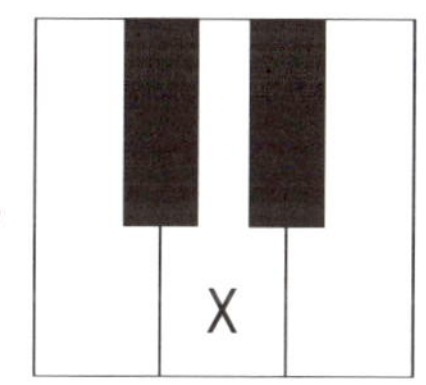

4. 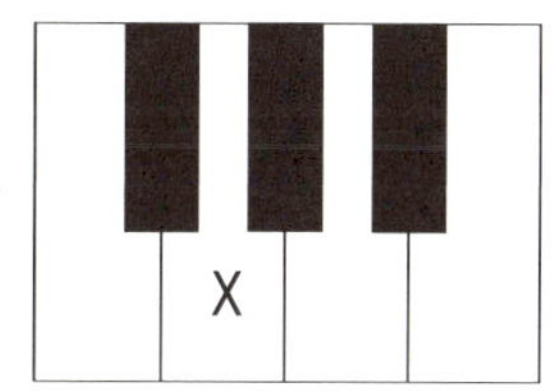

6 Estrellita, ¿dónde estás?

Notas repetidas

Consejos de Mily y Marta:

1. Primero, canta mientras señalas las estrellitas en la página.
2. Luego, apoya la **M.D.** con una **dona de dedos 3 y 1** sobre la mano de tu profesor mientras toca la canción con el dedo 3.
3. Ahora toca con la **M.D.** y luego con la **M.I.** Puede que solo aprendas la primera página esta semana.

Nota: pueden utilizar bolitas de papel de color sobre las notas DO y SOL para ayudar a localizar los primeros dos sonidos.

IEFF1619E

Acompañamiento para el profesor (el alumno toca en el registro CENTRAL).

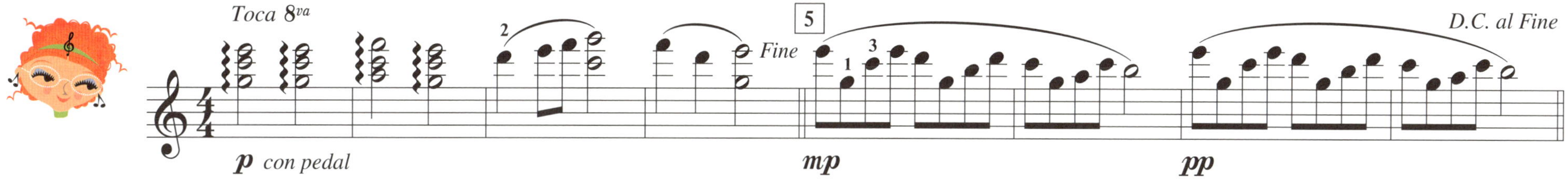

En el cie - lo so - bre el mar,

un dia - man - te de ver - dad.

Repite la primera página para terminar.

Dentro del bote de la miel

7

Independencia de los dedos

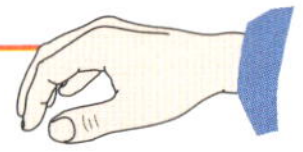

¡Haz técnica!

En la tapa cerrada del piano o en una mesa:

1. Con la pista de audio (o tu profesor cantando) haz los movimientos que se muestran abajo. TOCA y DI con los dedos de la **M.I.**
2. Repite la canción con la **M.D.**

Cierra la mano.

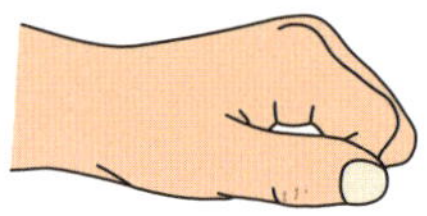

Dentro del bote de la miel
unas abejas se esconden bien.

Abre la mano.

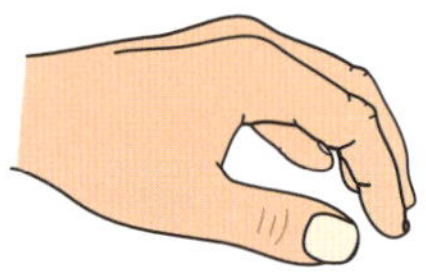

¿Cuántas hay adentro?
Vamos a ver.

Toca y di los números de dedos.

1___ 2___ 3 4 5

mantén   mantén

Melodía para el profesor:

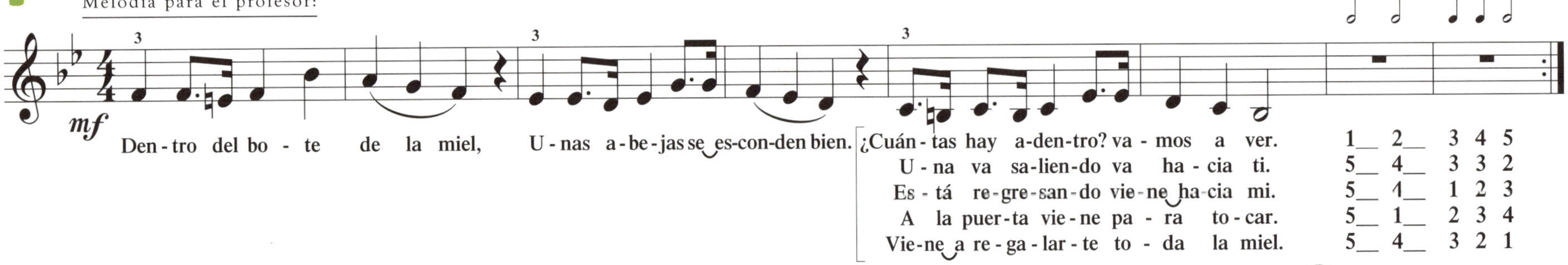

pianoadventures.lat/myfirst

IEFF1619E

VERSO

Dentro del bote de la miel unas abejas se esconden bien.

Una va saliendo, va hacia ti.

5___ 4___ 3 3 2

REPITE EL VERSO

Está regresando, viene hacia mí.

5___ 4___ 1 2 3

REPITE EL VERSO

A la puerta viene para tocar.

5___ 1___ 2 3 4

REPITE EL VERSO

Viene a regalarte toda la miel.

5___ 4___ 3 2 1

¡A escribir!

¿Dónde está la abejita? Encierra el número de dedo.

1. 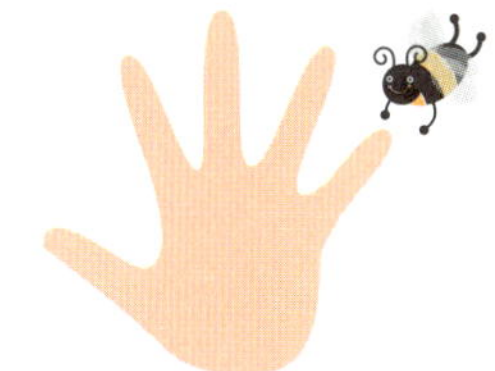

1 2 3 4 5

2. 

1 2 3 4 5

3. 

1 2 3 4 5

4. 

1 2 3 4 5

Grupos de teclas negras

Dos y tres teclas negras

Las teclas negras están en grupos de 2

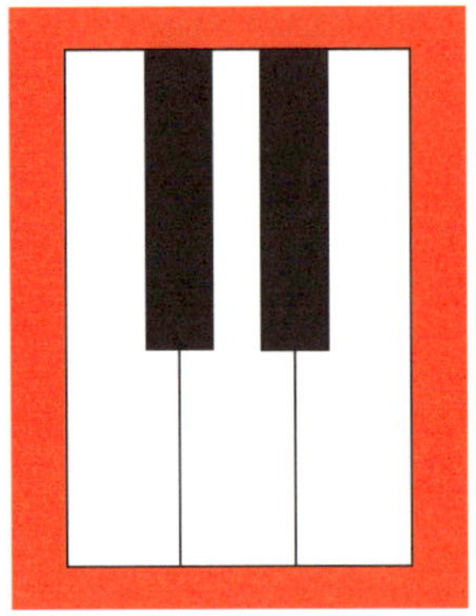

y de 3.

En el piano:

1. Toca y cuenta todos los **grupos de 2 teclas negras**. Encierra al amigo con el número correcto.

2. Toca y cuenta todos los **grupos de 3 teclas negras**. Encierra al amigo con el número correcto.

¡A escribir!

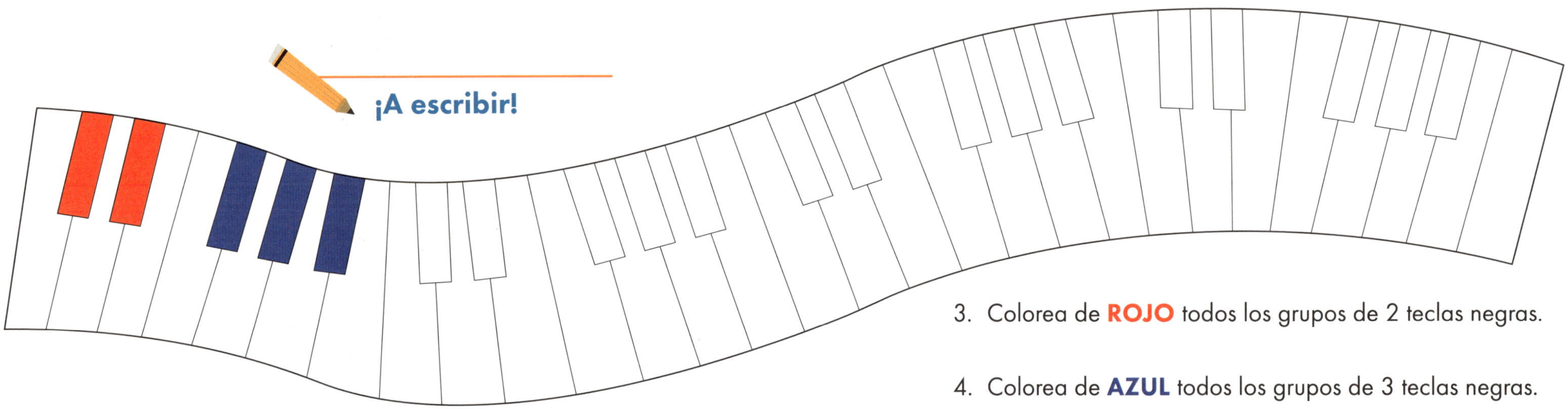

3. Colorea de **ROJO** todos los grupos de 2 teclas negras.
4. Colorea de **AZUL** todos los grupos de 3 teclas negras.

¡Escuchemos!

El conductor monstruo

8

Imita ritmos en teclas negras

1. En dos 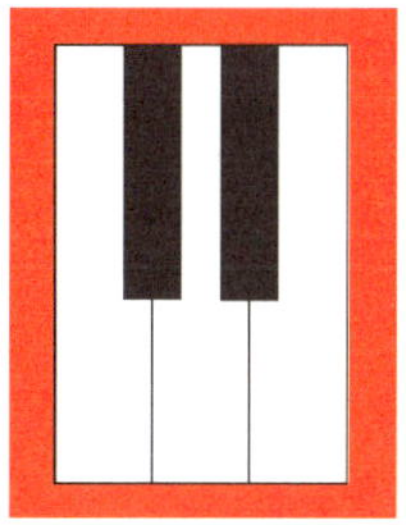 teclas negras.

Imita la bocina que toca tu profesor.
Usa los **dedos 2 y 3** de la M.I. o M.D.

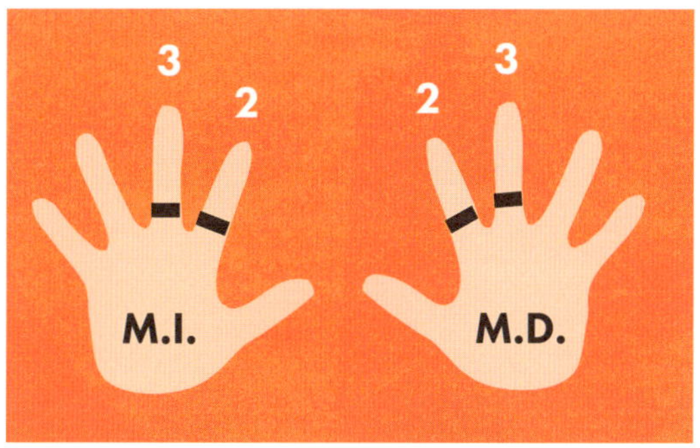

2. En tres  teclas negras.

Imita la bocina que toca tu profesor.
Usa los **dedos 2, 3 y 4** de la M.I. o M.D.

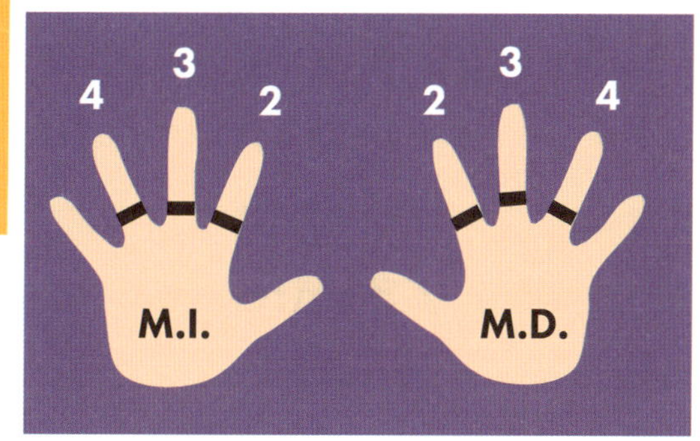

♩ ¿Dónde está Tap?

El profesor toca distintos ritmos para que el alumno imite (el alumno toca 1 octava más BAJO o más ALTO que el profesor).

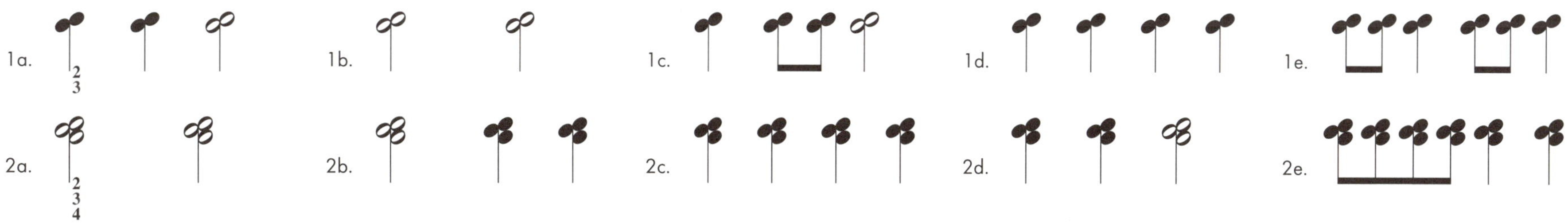

Muñeca y puntas de los dedos

Introducción del brazo

¡Haz técnica!

1. Escucha la canción cantada por tu profesor (o usa la pista de audio). Señala las distintas partes del cuerpo.
2. Toca un pulso estable en la **penúltima tecla blanca más grave** mientras tu profesor toca la melodía.

Muñeca y puntas de los dedos,
¡de los dedos!
Muñeca y puntas de los dedos.
Sé cómo encontrar mi codo, hombro,
nudillos y antebrazo.
Muñeca y puntas de los dedos,
¡de los dedos!

Melodía para el profesor.

Nota para el profesor: estos movimientos prepararán al alumno para los gestos de "arcoíris" de las siguientes páginas.

10

Gato encorvado

Muñeca flexible

¡Haz técnica!

1. La Maestra Melodía tiene un gatito llamado Michi.
   Arquea la muñeca de la **M.D.** como Michi arquea su espalda.
   Repite con la **M.I.**
2. En la **tapa cerrada del piano**, haz los movimientos de esta canción con tu profesor. ¿Puedes cantar con la pista de audio?

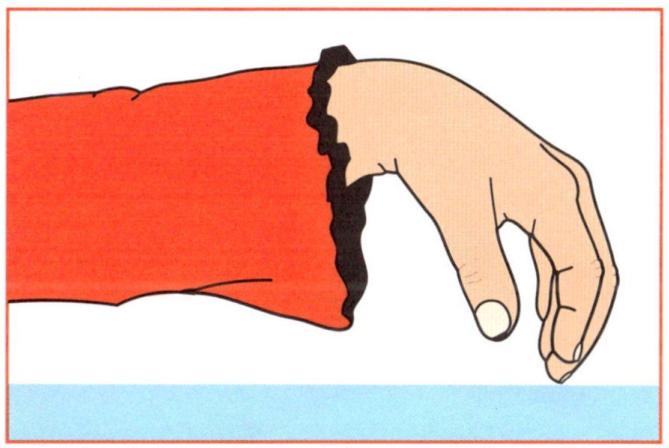

Como un gato encorvado,

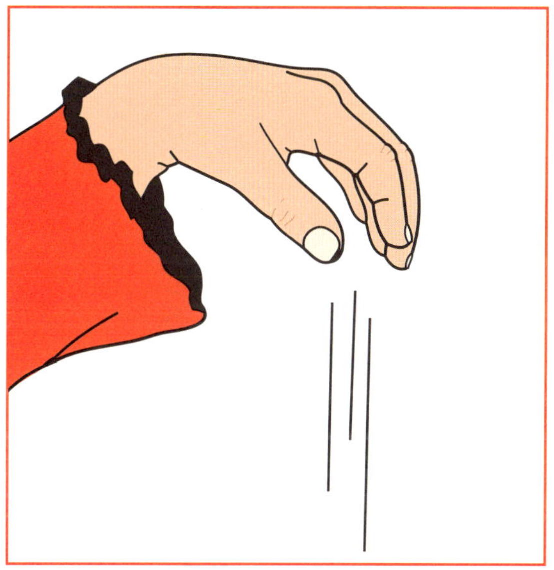

da un SALTO y

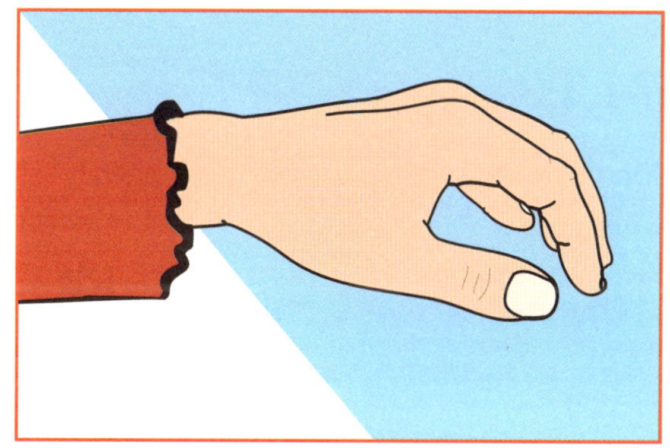

cae sobre las puntas, ¡sí!
(Repite los movimientos mientras la melodía continúa).

Melodía para el profesor:

Arcoíris (M.I.)

11

Técnica: gesto elegante de muñeca

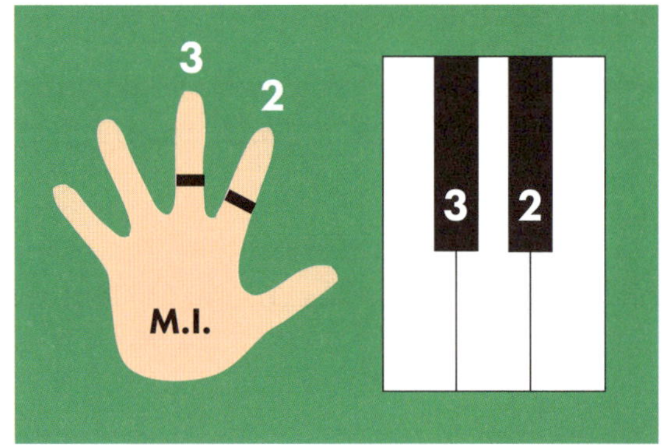

Consejos de Michi:

1. Encierra cada rectángulo donde los **dedos 2 y 3 de la M.I.** tocan juntos.
2. Observa y escucha tocar a tu profesor.
3. ¡Es tu turno! Haz forma de arcoíris mientras BAJAS tocando cada **grupo de 2 teclas negras** con tu M.I. Puede que tu profesor presione el pedal mientras tocas.

Comienza en las 2 teclas negras CENTRALES.

M.I.

tócalos juntos 2 3

Di: Arco-

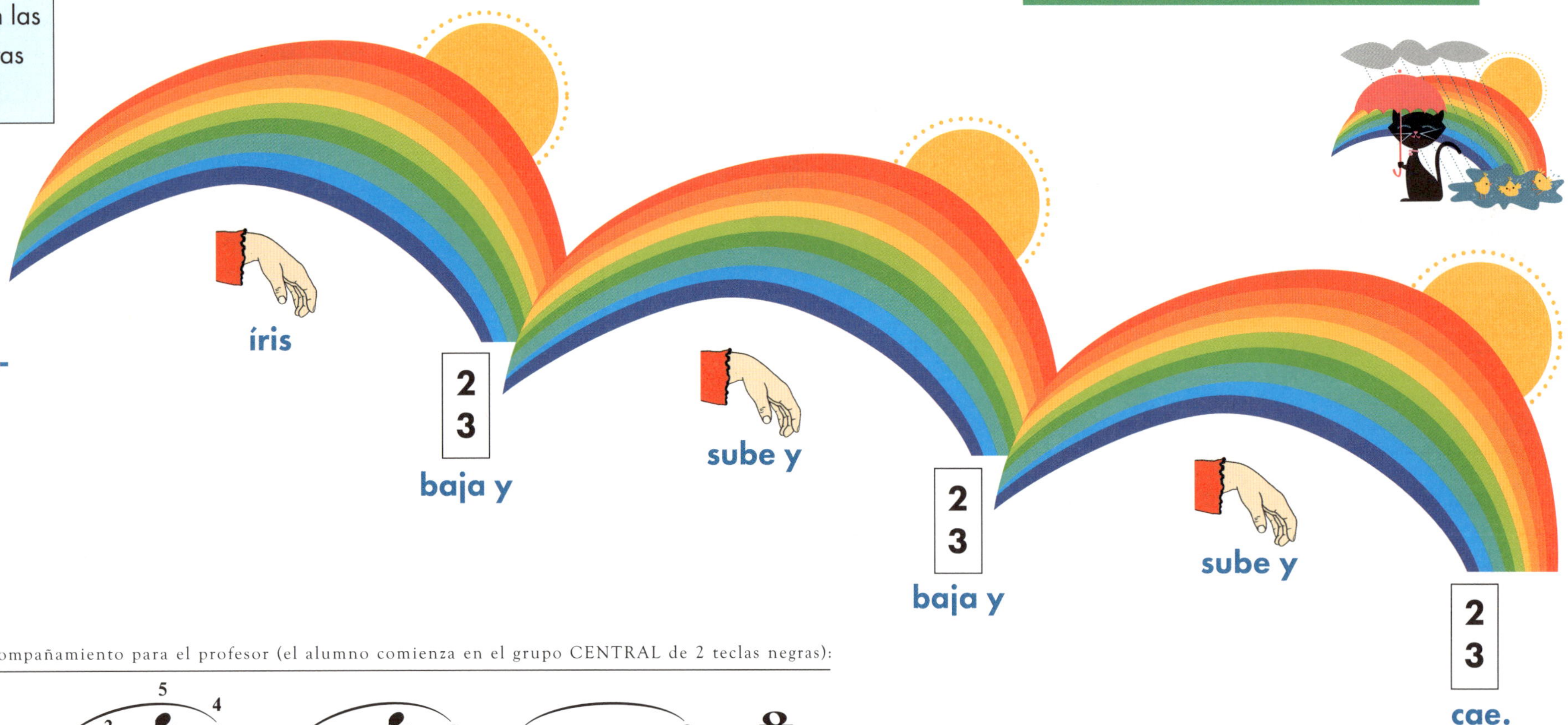

Acompañamiento para el profesor (el alumno comienza en el grupo CENTRAL de 2 teclas negras):

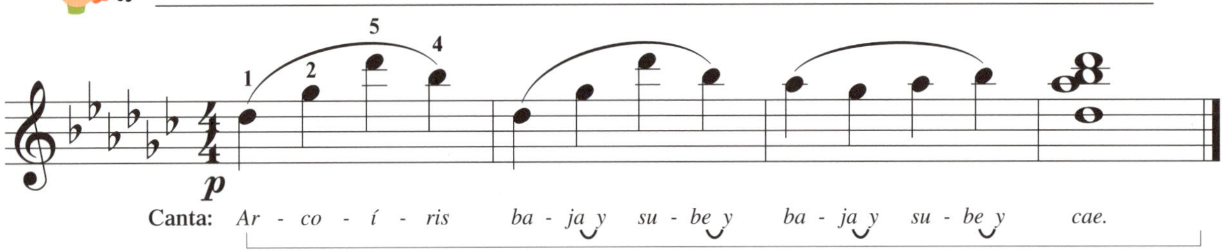

12 Arcoíris (M.D.)

Técnica: gesto elegante de muñeca

Consejos de Tap:

1. Encierra cada rectángulo donde los **dedos 2 y 3 de la M.D.** tocan juntos.
2. Observa y escucha tocar a tu profesor.
3. ¡Es tu turno! Haz forma de arcoíris mientras SUBES tocando cada **grupo de 2 teclas negras** con tu M.D. Puede que tu profesor presione el pedal mientras tocas.

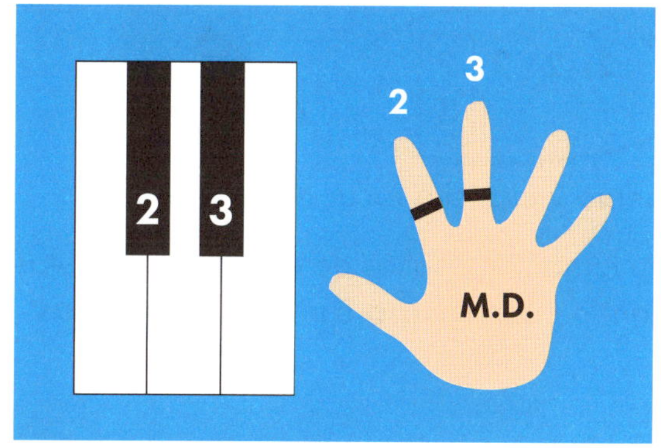

Comienza en las 2 teclas negras CENTRALES.

M.D. 3 2 *tócalos juntos*

Arco- **íris** 3 2 **baja y** **sube y** 3 2 **baja y** **sube y** 3 2 **cae.**

Acompañamiento para el profesor (el alumno comienza en el grupo CENTRAL de 2 teclas negras):

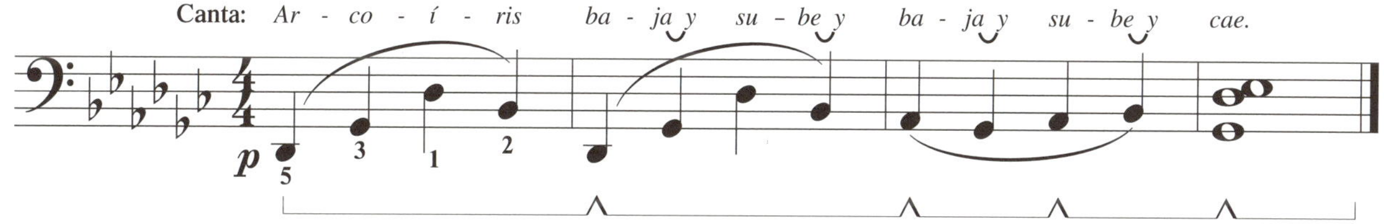

13

Rana saltarina

Toca con dedos 2 y 3 de la M.I.

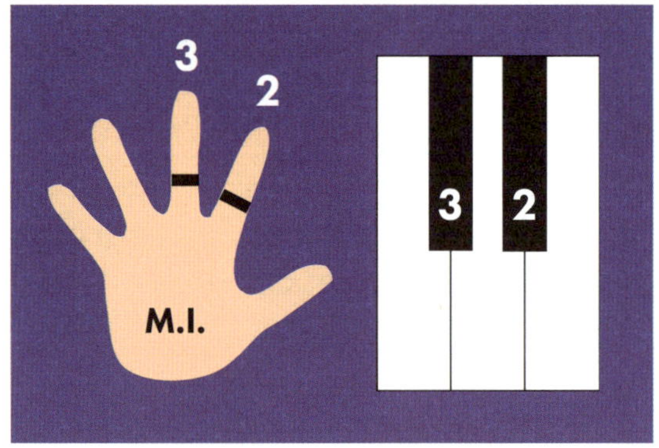

Consejos de la rana:

1. Revisa la música. Encierra este patrón 3 veces.

   2 2 2 2/3

2. Observa y escucha tocar a tu profesor.
3. ¡Es tu turno! Haz saltos de rana mientras BAJAS tocando cada **grupo de 2 teclas negras**.

Comienza en las 2 teclas negras CENTRALES.

tócalos juntos

M.I. 2 2 2 2/3 ¡TOING!

Ra - na sal - tó

BAJA al siguiente grupo.

2 2 2 2/3 ¡TOING!

y sal - pi - có.

2 2 2 2/3 ¡TOING!

Lue-go can-tó:

2/3

¡CROAC!

14

¡Gol de Katy!

Toca con dedos 2 y 3 de la M.D.

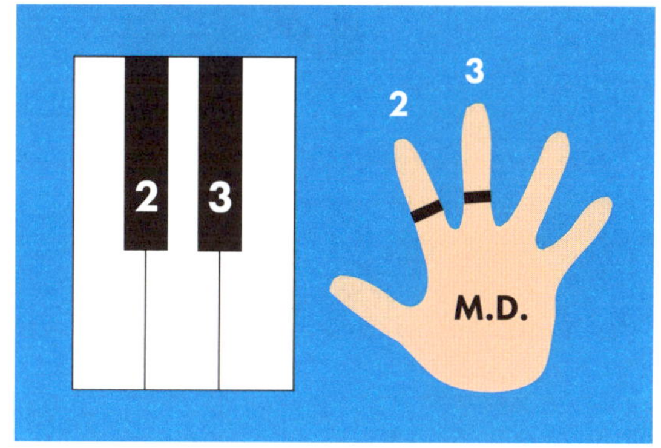

Consejos de Katy:

1. Revisa la música. Encierra este patrón 3 veces.

2 2 2 [3/2]

2. Observa y escucha tocar a tu profesor.
3. ¡Es tu turno! Haz saltar el balón mientras SUBES tocando cada **grupo de 2 teclas negras**.

Comienza en las 2 teclas negras CENTRALES.

tócalos juntos

M.D. **2 2 2 [3/2]**

Vue-la‿el ba-lón,

SUBE al siguiente grupo.

2 2 2 [3/2]

al - to‿y ve - loz,

2 2 2 [3/2]

me - te un gol,

[3/2]

¡SÍ!

Unidad 4

f (forte) significa FUERTE

p (piano) significa SUAVE

¡A escuchar!

Con tu profesor, haz sonidos *f* o *p* en el teclado de acuerdo a cada imagen.

truenos resonantes

pajaritos en un árbol

sirena de bomberos

gotitas de lluvia

Instrucciones para la p. 33, *Tigres en mi puerta*

1. Encierra *f* o *p* de acuerdo a cada animal.
2. Toca las TECLAS DE TIGRE con una dona de dedos 1 y 2. La tecla 5 se toca dos veces.
3. Toca y canta *f* y *p* mientras escuchas el acompañamiento.

Acompañamiento para el profesor (el alumno toca 2 OCTAVAS MÁS ALTO):

Repite el verso con:
PERROS (*f*) y
ARAÑAS (*p*).

Tigres en mi puerta

15

Forte y _piano_ dando pasos en la escala

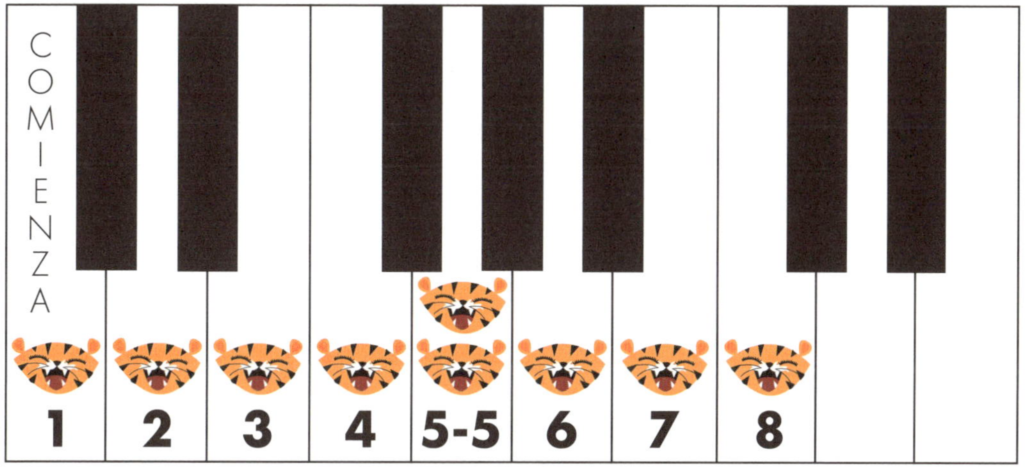

¡TIGRES!

1, 2, 3, 4, 5
¡tigres en
mi puerta!

5, 6, 7, 8
rugen
fuerte
al tocar.

f o *p*

¡LIEBRES!

1, 2, 3, 4, 5
¡liebres en mi puerta!

5, 6, 7, 8
gruñen suave
al tocar.

f o *p*

¡PERROS!

1, 2, 3, 4, 5
¡perros en mi puerta!

5, 6, 7, 8
ladran fuerte
al tocar.

f o *p*

¡ARAÑAS!

1, 2, 3, 4, 5
¡arañas en mi puerta!

5, 6, 7, 8
suavecito
tejerán.

f o *p*

La orca 16

Toca con dedos 2, 3 y 4 de la M.I.

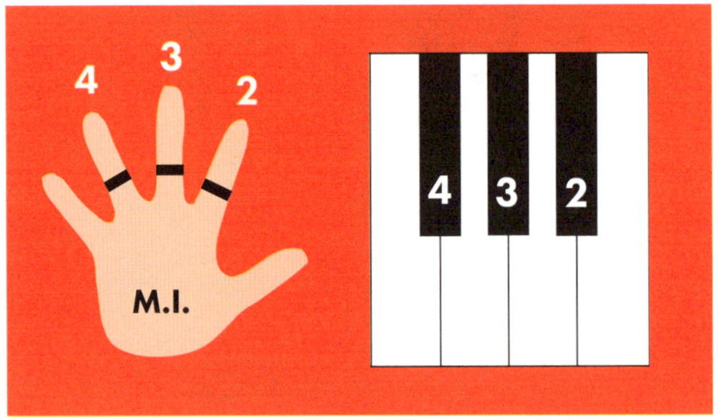

Nota: el profesor puede usar el pedal mientras el alumno toca.

Comienza en las 3 teclas negras CENTRALES.

tócalos juntos

M.I. 2 2 2 [2 3 4]

f

Or - ca sal - tó,

BAJA al siguiente grupo.

2 2 2 [2 3 4]

lue - go ca - yó.

2 2 2 [2 3 4]

Se su - mer - gió

Consejos de Dante (pp. 34–35):

1. Revisa la música.
   Encierra este patrón 3 veces.

   2 2 2 2
   3
   4

2. Observa y escucha tocar a tu profesor.

3. ¡Es tu turno! Imagina que tu mano es una orca que salta y se sumerge mientras BAJAS tocando cada **grupo de 3 teclas negras**.

¡Escuchemos!

Tu profesor tocará notas que BAJAN o SUBEN. Encierra la orca que sube o baja según sea el caso.

1. Bajan **Suben**

2. Bajan **Suben**

3. Bajan **Suben**

4. Bajan **Suben**

5. Bajan **Suben**

Mantente en las 3 teclas negras MÁS GRAVES.

Doble barra
Indica el final de la pieza.
(línea delgada, línea gruesa)

M.I. **2 2 2**
3 3 3
4 ¡Mantén el sonido y escucha!

a lo pro - fun - do del mar.

17 La casa del árbol

Toca con dedos 2, 3 y 4 de la M.D.

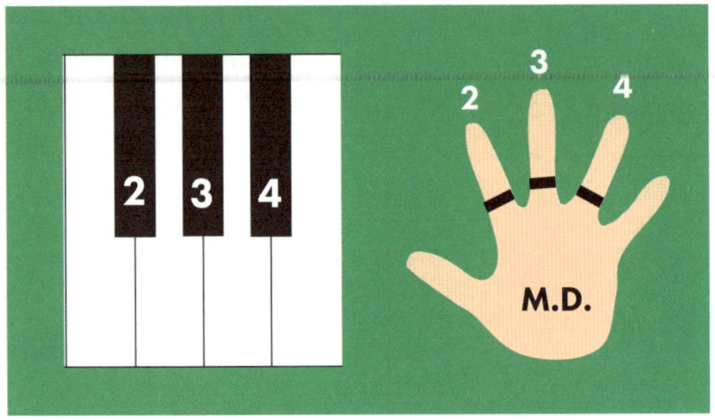

Consejos de Mily y Marta:

1. Revisa la música. Encierra este patrón 3 veces.

   2 2 2 [4 3 2]

2. Observa y escucha tocar a tu profesor.
3. ¡Es tu turno! Haz arcoíris mientras SUBES tocando cada **grupo de 3 teclas negras**.

Nota: el profesor puede usar el pedal mientras el alumno toca.

Comienza en las 3 teclas negras CENTRALES

M.D. 2 2 2 [4 3 2] *tócalos juntos*

f Hay que su - bir

BAJA al siguiente grupo.

2 2 2 [4 3 2]

has - ta lle - gar.

2 2 2 [4 3 2]

¿Qué bri - lla a - hí?

[4 3 2]

¡Guau!

Mantente en las
3 teclas negras
MÁS AGUDAS.

M.D. 2 3 4 2 3 4 2

p Un ar - co - í - ris ge - nial.

¡Mantén el sonido
y escucha!

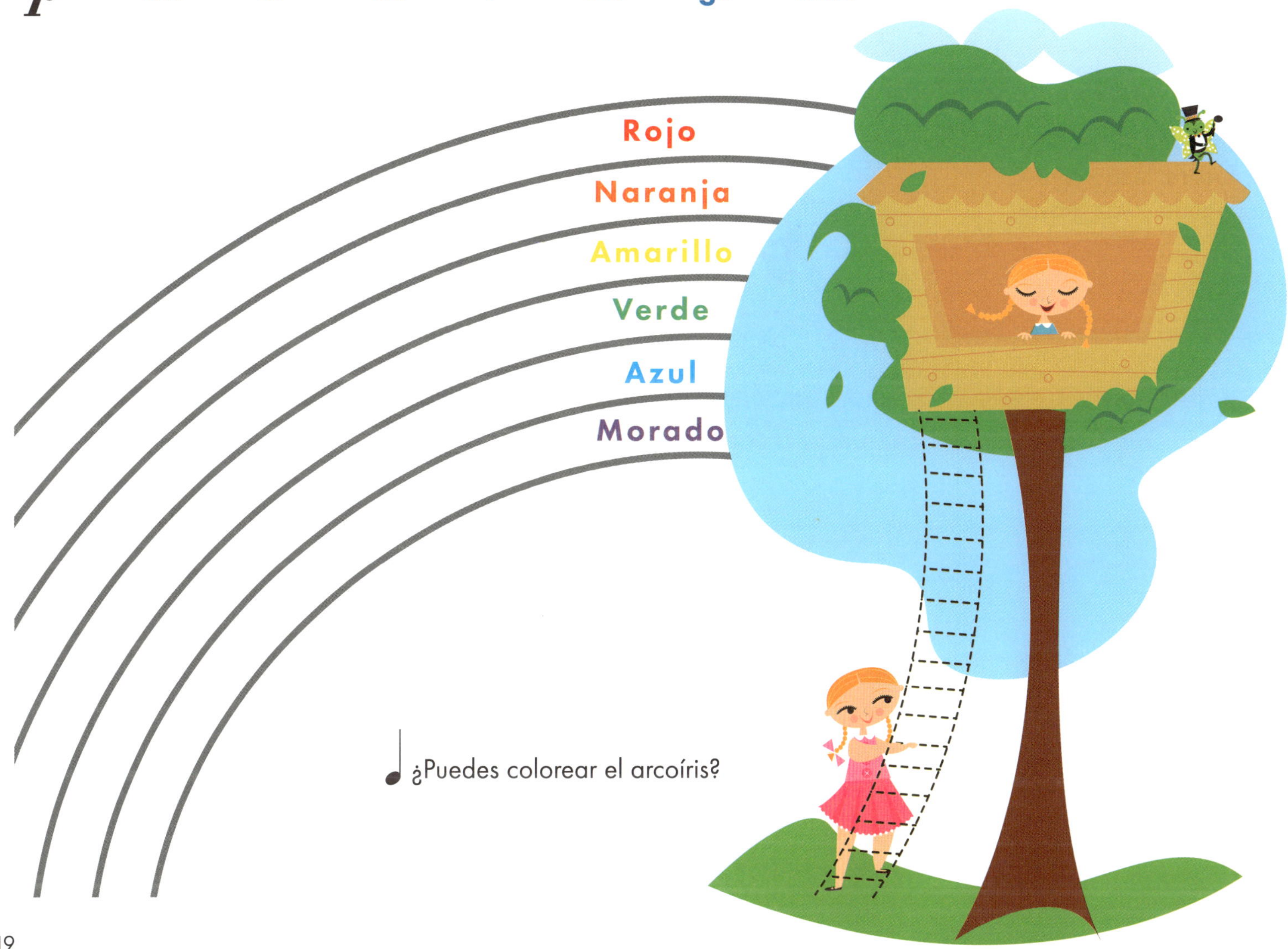

¿Puedes colorear el arcoíris?

¡A escribir!

Encierra en círculos los **patrones de dedos** que son iguales al del arcoíris. Pista: hay 2 más.

La negra = 1 tiempo

cuenta:	1	1	1	1
	Ta	Ta	Ta	Ta

1. Di "negra" con voz ***fuerte***, luego con voz ***suave***, con voz aguda y voz grave.

2. Marca el ritmo y cuenta en voz alta, primero ***forte*** y luego ***piano***.

plica hacia abajo

M.I.

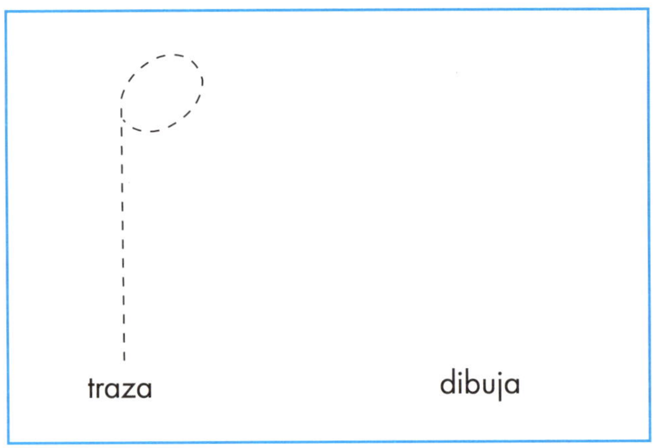

plica hacia arriba

M.D.

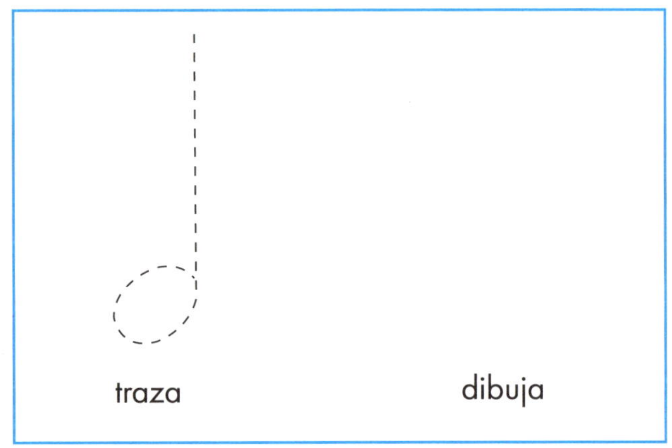

¡A escribir!

3. Traza y dibuja una negra para la **mano izquierda**.

4. Traza y dibuja una negra para la **mano derecha**.

Pies bailarines

Sigue el pulso

¡A escribir!

Consejos de tus amigos:

1. Encierra con **ROJO** las notas para **M.D.**
   Encierra con **AZUL** las notas para **M.I.**

¡Haz ritmos!

2. Toca cada grupo de notas con la mano correcta.
   Usa una **dona de dedos 2 y 1** en cualquier tecla.

¡Mantén un pulso estable!

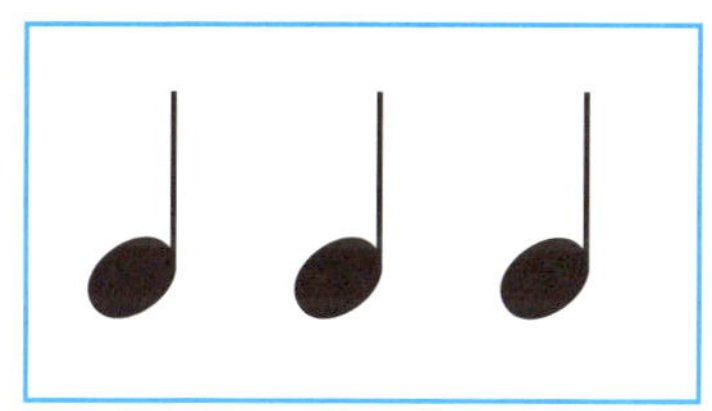

¡Escuchemos!

3. Tu profesor tocará distintos grupos de notas con la mano **izquierda** o **derecha**. Señala el grupo correcto.

18

El reloj cucú

Alterna las manos

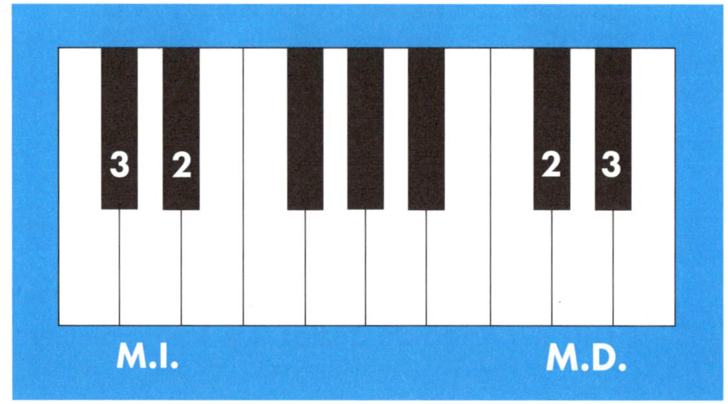

Consejos de Tap:

1. Con la ayuda de tu profesor, marca el ritmo en la puerta, el piso y la tapa del piano, diciendo:

   derecha - derecha - izquierda - izquierda,
   derecha - izquierda - derecha - izquierda.

2. Toca en 2 teclas negras diciendo: "derecha - derecha" etc. ¿Tu reloj tiene un pulso estable?

Los dedos 2 y 3 se tocan juntos.

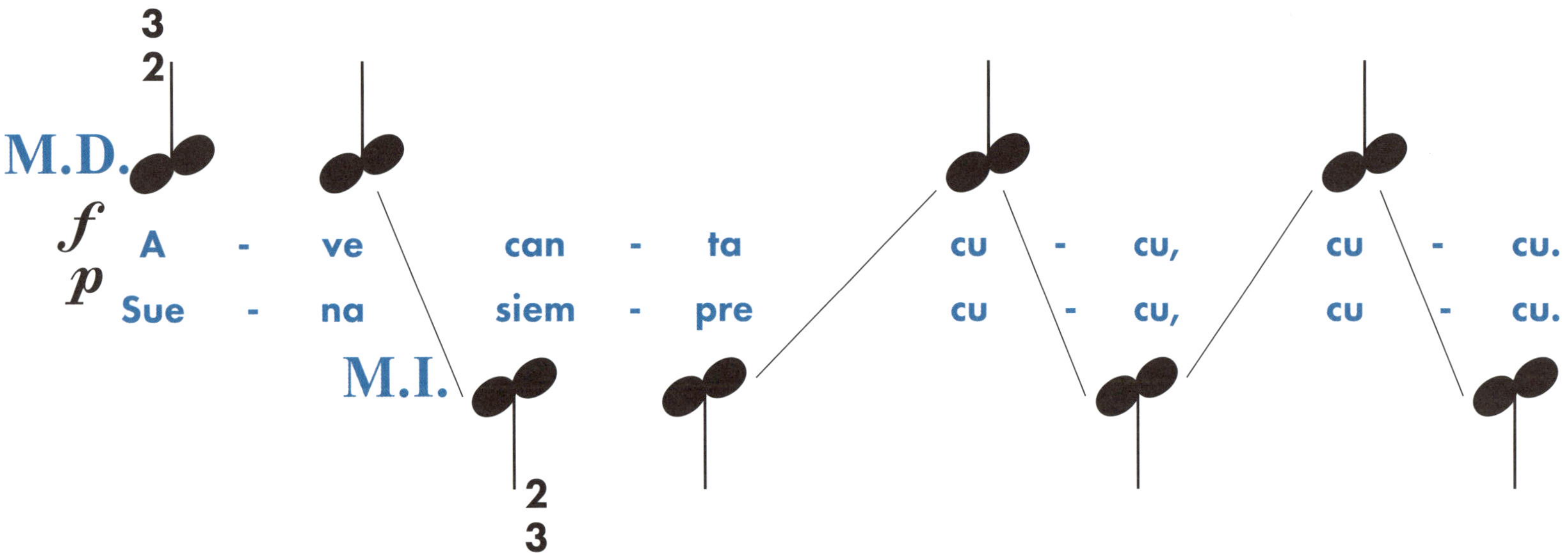

Los dedos 2 y 3 se tocan juntos.

Signo de repetición

Estos dos puntos significan que debes regresar al inicio y tocar una vez más.

Acompañamiento para el profesor (el alumno toca en el registro CENTRAL):

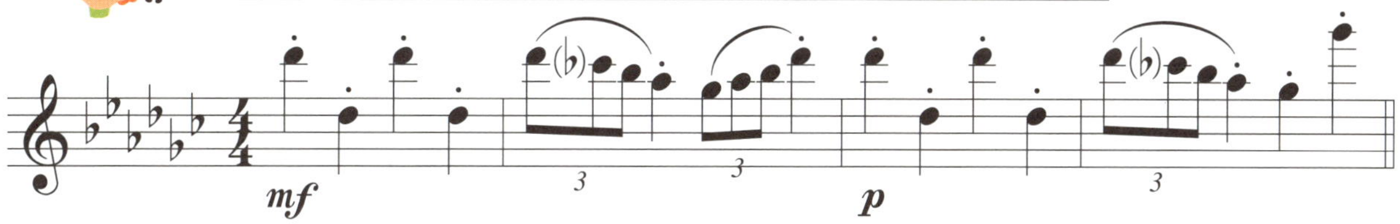

El alumno sigue "campaneando" las horas. El profesor puede usar el pedal en las "campanadas".

Toca con ambas manos.

El secreto del reloj:

Elige la hora que va a marcar el reloj: **"2 de la tarde, 4 de la tarde"**, etc. Toca la primera página y luego marca las horas que elijas en un grupo de dos teclas negras. ¡Pídele a tu profesor que adivine la hora!

¡A escribir!

Sombrea las notas para convertirlas en negras.

Encierra la **I** o la **D** según la mano correcta.

1. 

I o **D**

2. 

I o **D**

3. 

I o **D**

4. 

I o **D**

¡Haz técnica! 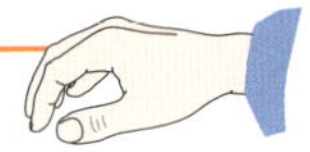

Huellas de gatito

DO-RE-MI en bloque

Para la mano izquierda

1. Comienza en el CENTRO del piano.
2. Para formar una huella con la M.I., junta las **puntas de los dedos 4, 3 y 2**. Toca las teclas **DO-RE-MI** al mismo tiempo.

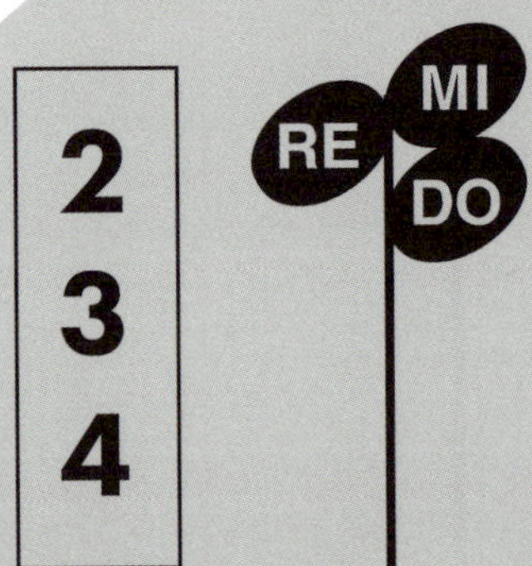

3. Haz arcoíris con la muñeca y toca "huellas" en cada DO-RE-MI, BAJANDO por el teclado.

Las 3 teclas blancas justo debajo de las 2 teclas negras.

Para la mano derecha

1. Comienza en el CENTRO del piano.
2. Para formar una huella con la M.D., junta las **puntas de los dedos 2, 3 y 4**. Toca las teclas **DO-RE-MI** al mismo tiempo.

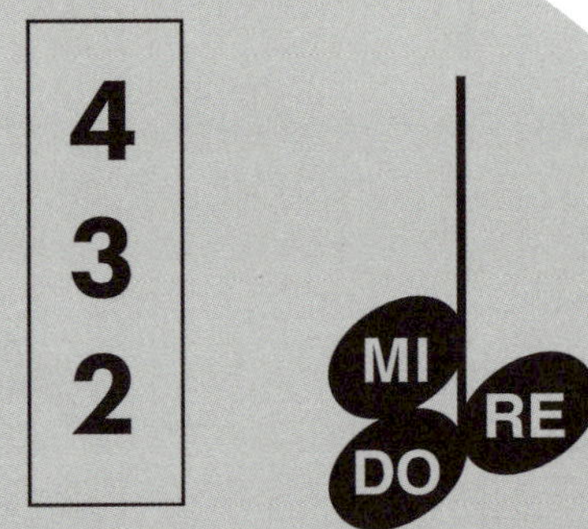

3. Haz arcoíris con la muñeca y toca "huellas" en cada DO-RE-MI, SUBIENDO por el teclado.

Conejitos mágicos

Encuentra DO-RE-MI

¡Abracadabra, patas de cabra!

El conejito saltaba y... ¿cuál tecla tocaba?

¡Los conejitos mágicos de Dante se escaparon!

1. Tu profesor dirá el verso de arriba y señalará una tecla del piano.
2. Toca y nombra la tecla donde cayó el conejito.

¡A escribir!

Sombrea la tecla correcta.

1.

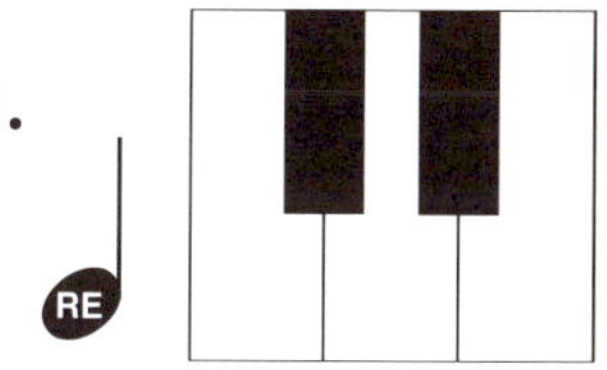

2.

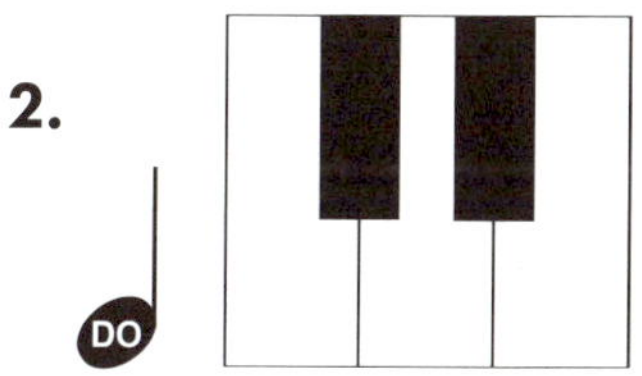

3.

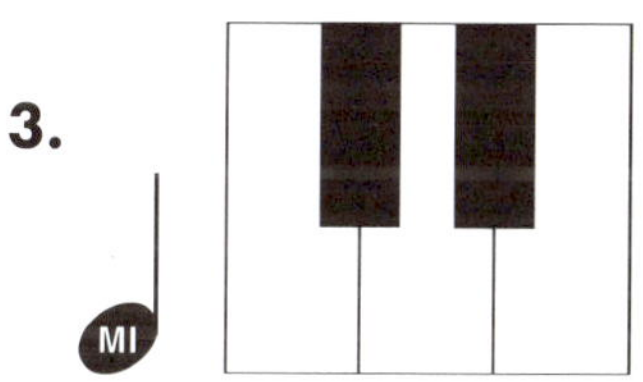

4.

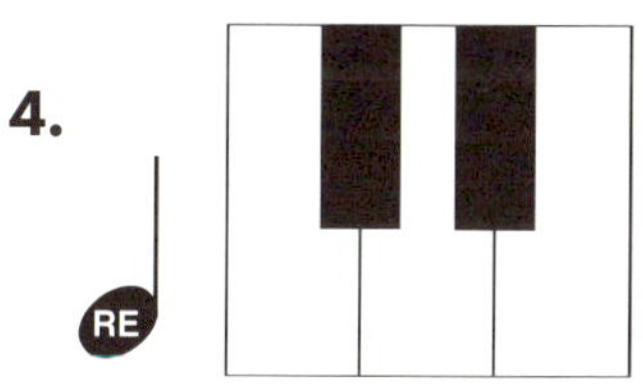

Mi gatito ronronea

19

Canción con negras en DO-RE-MI

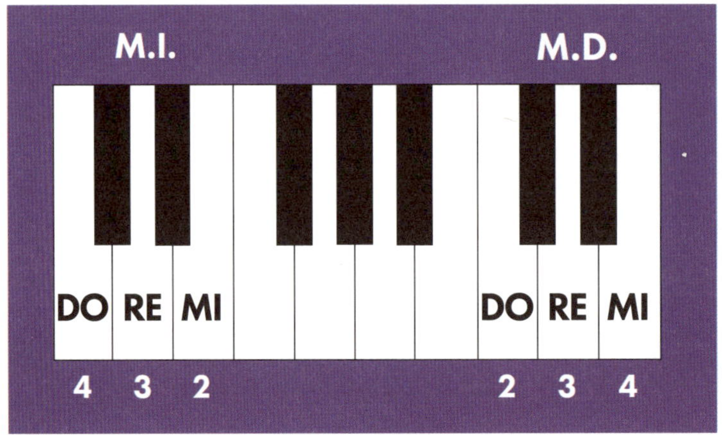

Consejos de Mily y Marta:

1. Señala cada nota diciendo su **nombre** mientras tu profesor toca.
2. Encierra las **notas repetidas**.
3. Toca la canción mientras cantas los números de dedos. ¿Puedes ver tu "piedra"? (ver la p.12).

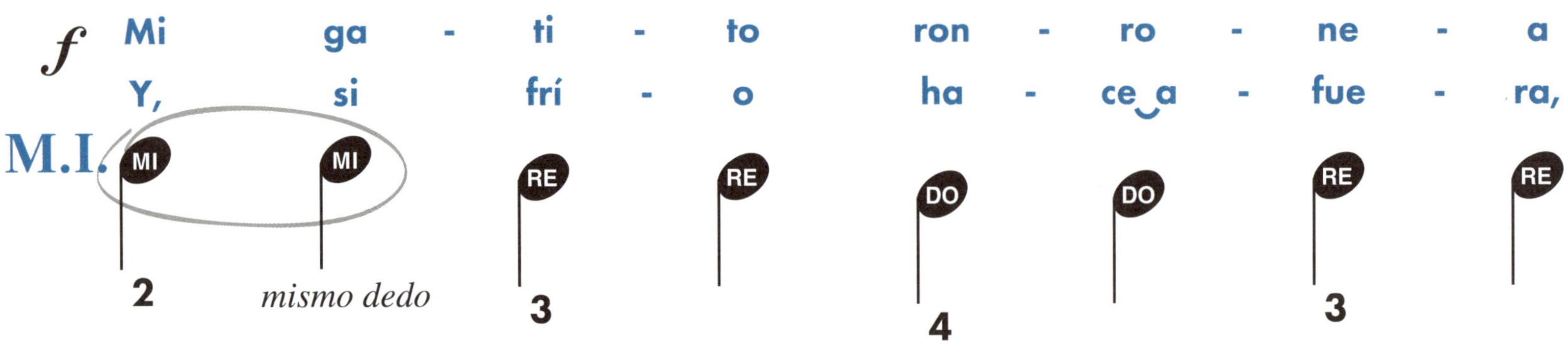

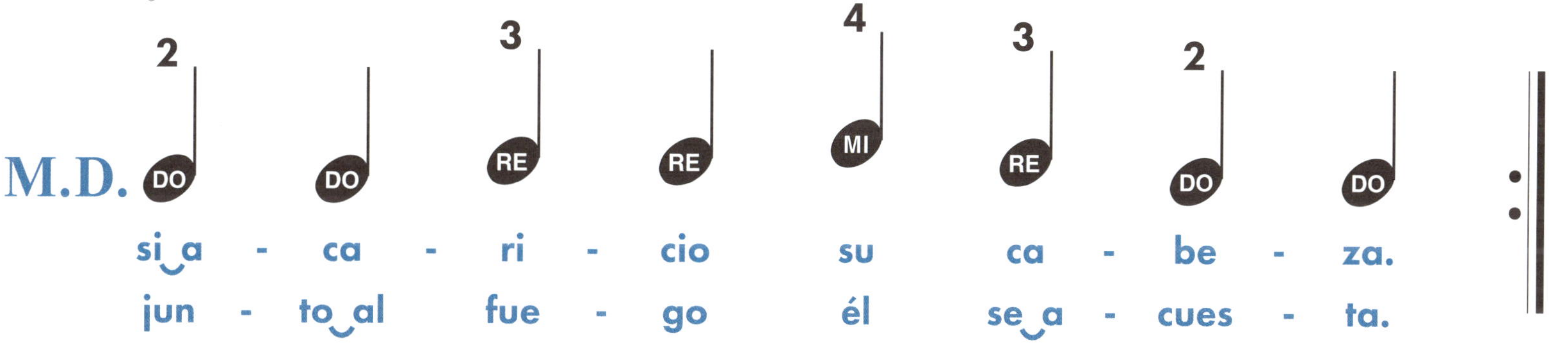

Acompañamiento para el profesor (el alumno toca en el registro CENTRAL):

¡Repasemos!

¿Cómo se llaman los símbolos de abajo? ¿Qué significan?

1. *f*
2. *p*
3. 
4. 
5. 
6. 
7.

Mi gatito duerme

Inventa una melodía

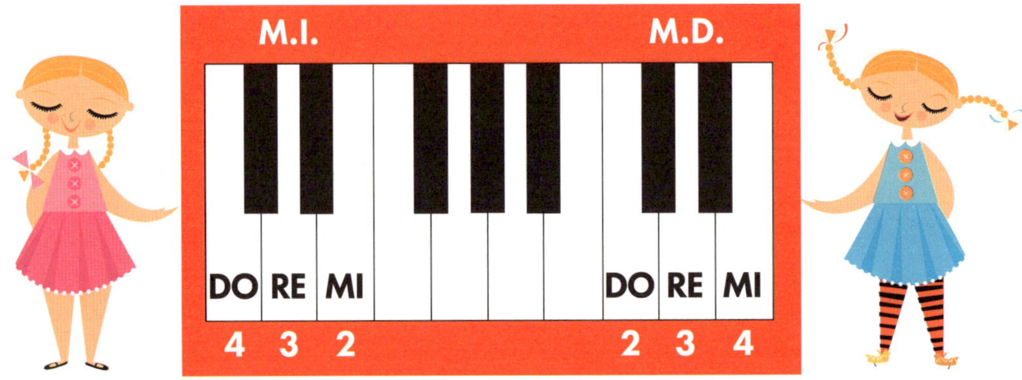

¡A componer!

1. Compón tu propia versión de *Mi gatito ronronea* usando las teclas **DO-RE-MI**. Escribe el número de dedo **2**, **3** o **4** en cada recuadro.*
2. Ahora toca y canta diciendo los números de dedos mientras el gatito duerme.

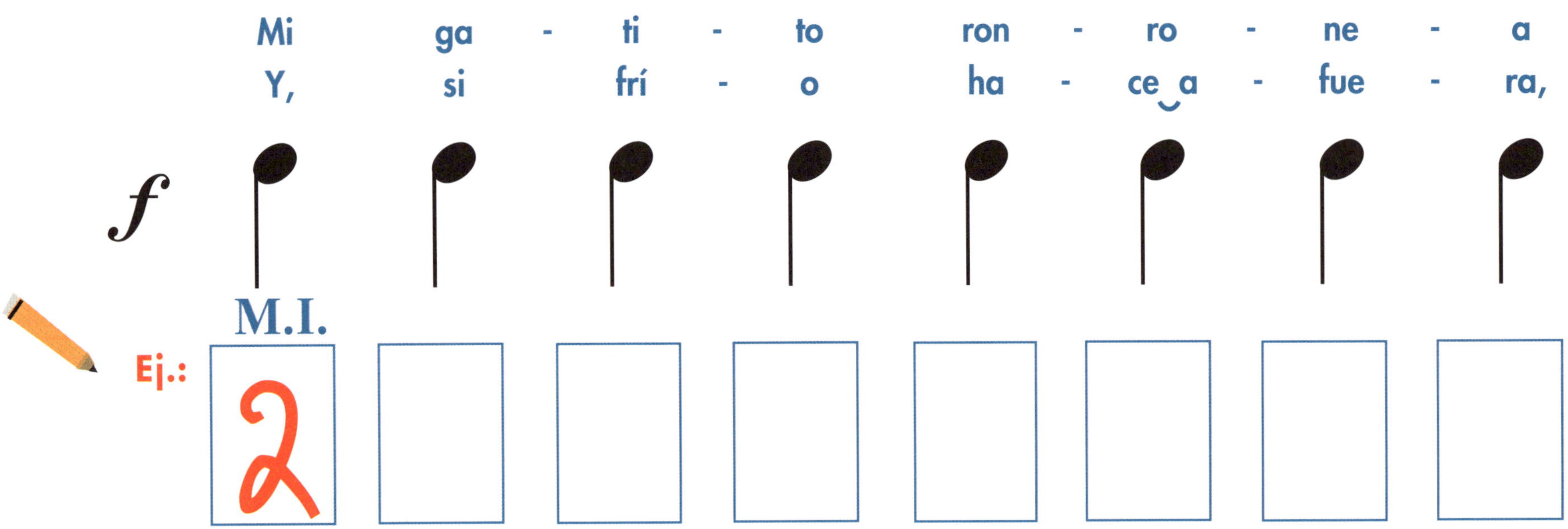

* Tu profesor puede ayudarte a escribir.

Ej.: | 2 | | | | | | | 2 |

M.D.

p

si‿a - ca - ri - cio su ca - be - za.

jun - to‿al fue - go el se‿a - cues - ta.

Traza el signo de repetición (línea delgada, línea gruesa y dos puntos).

¡Escuchemos!

1. Coloca los dedos **2, 3 y 4** de la M.D. en las teclas **DO - RE - MI**.
2. Cierra los ojos. Tu profesor tocará algunas notas lentamente.
3. ¡Repite lo que escuches!

Ejemplos para el profesor:

1. DO - RE - MI ___
2. DO - DO - RE ___
3. DO - RE - MI - MI
4. DO - RE - DO - RE

La blanca = 2 tiempos

1. Di "blanca" con voz ***fuerte***, luego con voz ***suave***, con voz aguda y voz grave.

cuenta: **1 - 2** Ta - a | **1 - 2** Ta - a | **1 - 2** Ta - a | **1 - 2** Ta - a

2. Marca el ritmo y cuenta en voz alta, primero ***forte***, y luego ***piano***. Mantén cada nota por 2 tiempos.

plica hacia abajo

M.I.

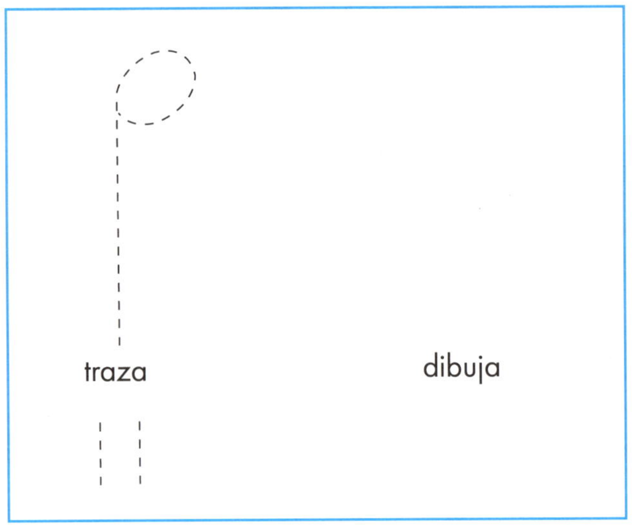

plica hacia arriba

M.D.

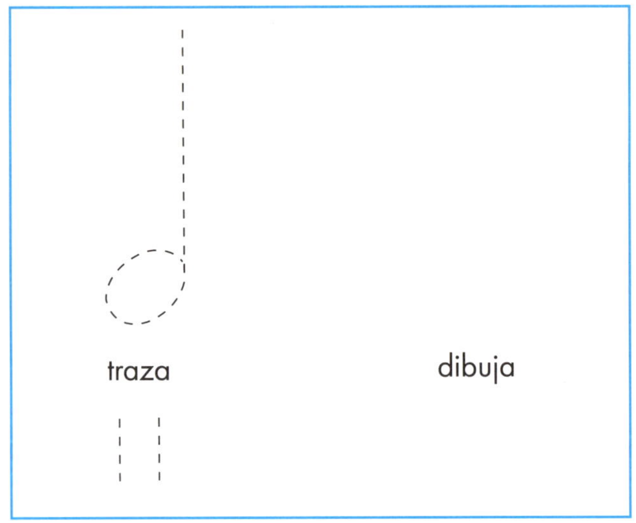

¡A escribir!

3. Traza y dibuja una blanca para **mano izquierda**.
   Haz DOS líneas debajo para mostrar **2 tiempos**.

4. Traza y dibuja una blanca para **mano derecha**.
   Haz DOS líneas debajo para mostrar **2 tiempos**.

¡Ensayo con la banda!

Sigue el pulso

¡A escribir!

1. Encierra con **ROJO** los ritmos para **M.D.**
   Encierra con **AZUL** los ritmos para **M.I.**

¡Haz ritmos!

2. En **cualquier tecla**, toca cada ritmo con la mano correcta.
   Usa una **dona de dedos 2 y 1**.

¡Mantén un pulso estable!

¡Escuchemos!

3. Tu profesor tocará los ritmos con la mano **izquierda** o **derecha**.
   Señala el ritmo que escuches.

Don Ratón

20

Canción con blancas en DO-RE-MI

Consejos de Don Ratón:

1. Señala las notas, contando "1, 1, 1-2".
   Usa la **M.I.** si las notas tienen la plica hacia *abajo*
   y la **M.D.** si tienen la plica hacia *arriba*.
2. Tu profesor te ayudará a encerrar
   cada grupo de notas con este patrón: ♩ ♩ 𝅗𝅥 .
3. Toca mientras cantas la letra
   o los números de dedos.

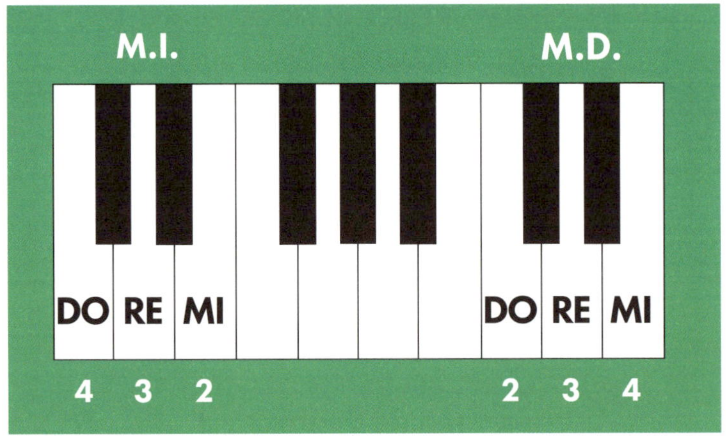

Don Ra - tón fies - tas da. Di - ver - sión siem - pre ha - brá.

Se rei - rán can - ta - rán. Bai - la - rán sin ce - sar.

Acompañamiento para el profesor (el alumno toca en el registro CENTRAL):

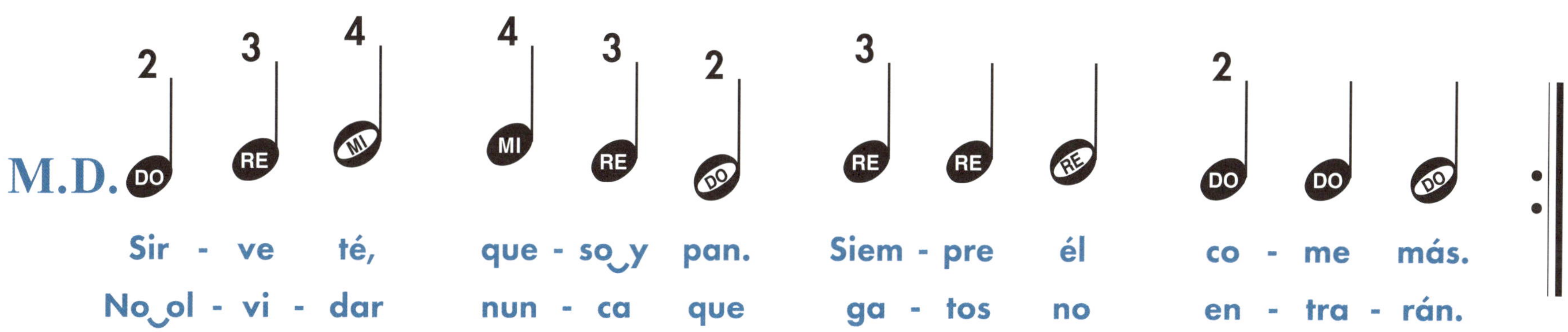

¡Escuchemos!

1. Encierra cada ritmo de ratón que toque tu profesor.
(Nota para el profesor: tocar hasta que se encierren todos.)

¡Haz ritmo!

2. ¿Puedes marcar todos los ritmos de ratón sin detenerte?

Canción de cuna del mapache

21

Canción con blancas alternando manos

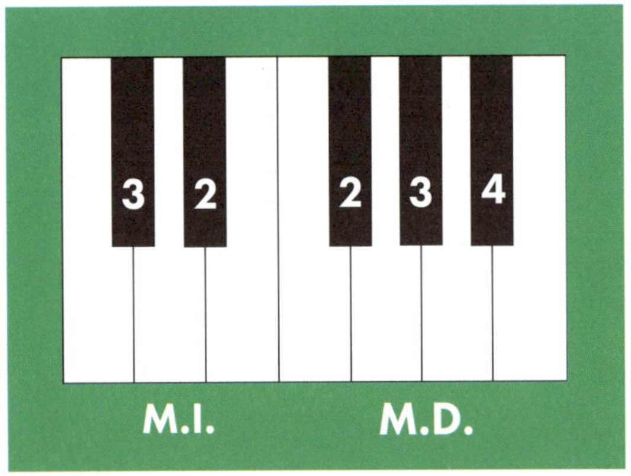

Las canciones de cuna se usan para ayudar a dormir. Katy le está cantando una a su peluche favorito.

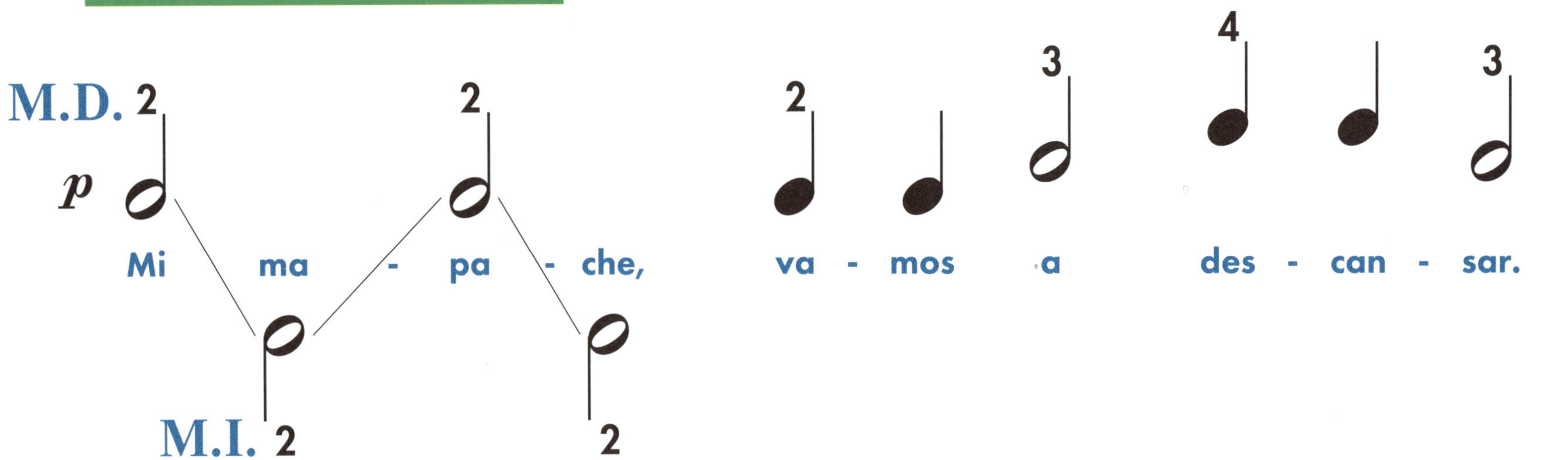

Acompañamiento para el profesor (el alumno toca en el registro AGUDO):

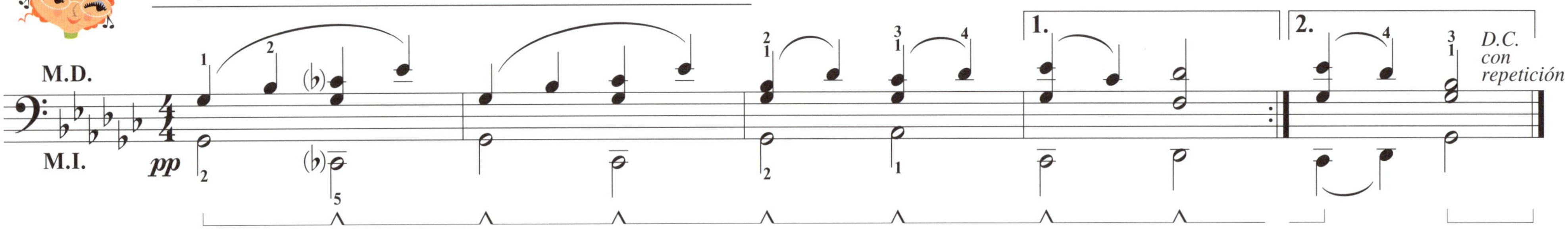

Consejos de Katy (pp. 52–53):

1. Señala las notas contando "1-2, 1-2," etc. Usa la **M.I.** si las notas tienen la plica hacia *abajo* y la **M.D.** si tienen la plica hacia *arriba.*
2. Mientras tu profesor toca la canción, señala cada nota y di en voz alta el **número de dedo**.
3. Toca mientras cantas los números de dedos. ¡Disfruta cantando con la pista de audio!

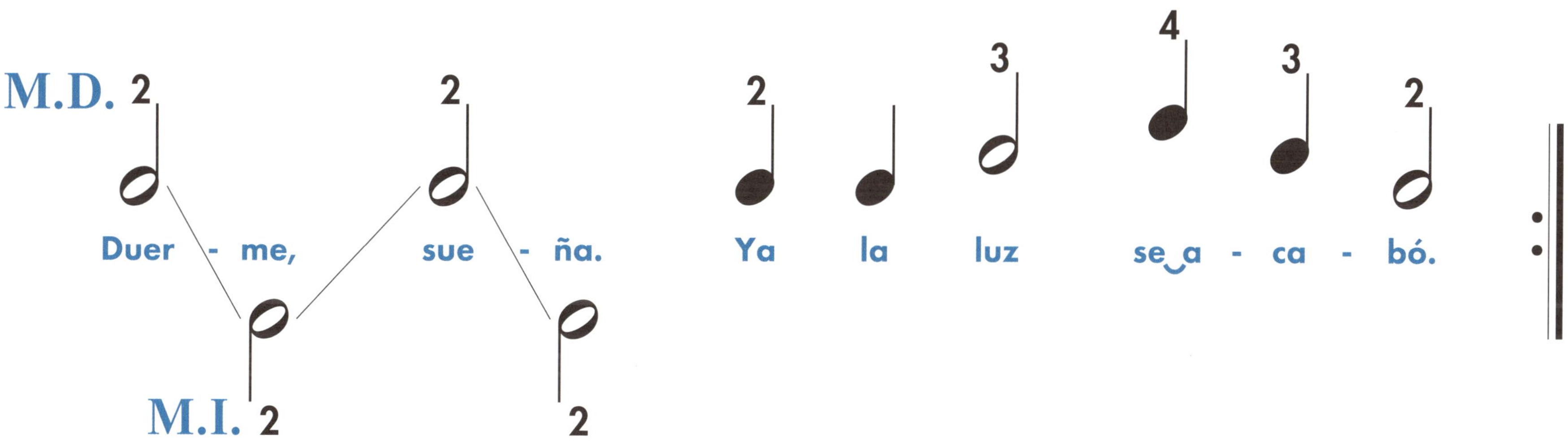

¡A escribir!

Encierra la opción correcta. ¿Las notas SUBEN, BAJAN o se REPITEN?

1. 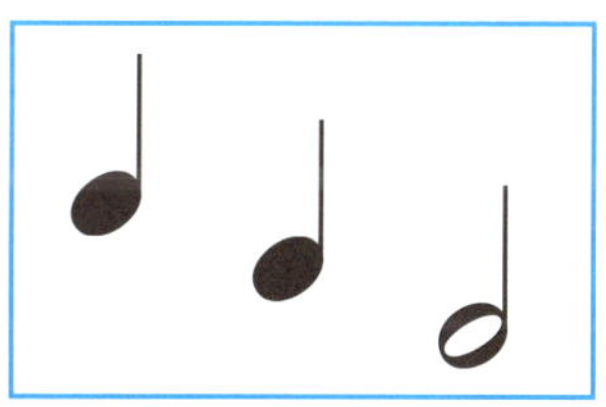
SUBEN BAJAN REPITEN

2. 
SUBEN BAJAN REPITEN

3. 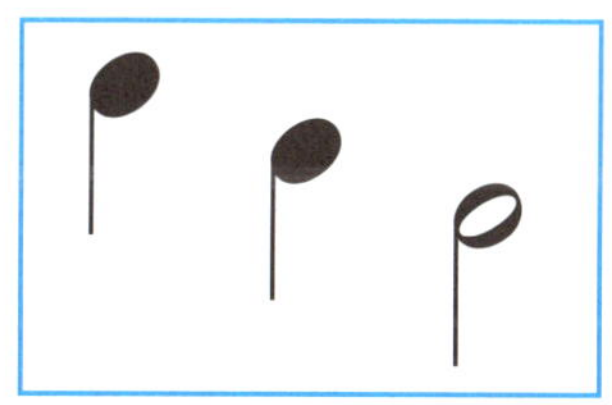
SUBEN BAJAN REPITEN

4. 
SUBEN BAJAN REPITEN

Clave de FA

La mano izquierda usa la clave de FA para los sonidos GRAVES.

1. Di "clave de FA" con voz grave.

¡A escribir!

2. Encierra los personajes que cantan en clave de FA.

Melodía de la clave de SOL y la clave de FA

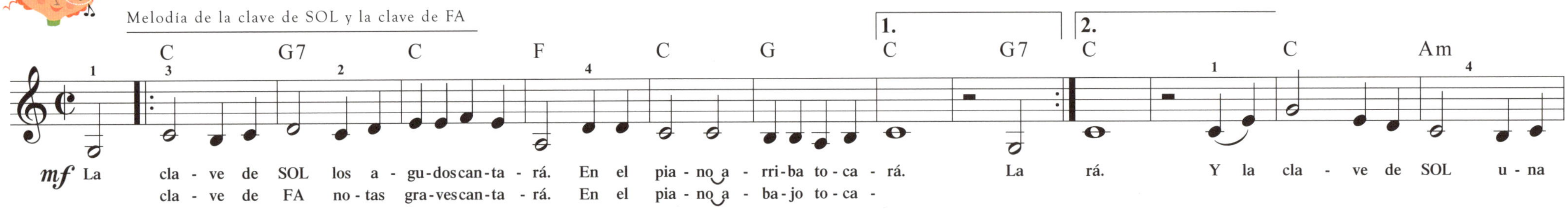

Clave de SOL 22

La mano derecha usa la clave de SOL para los sonidos AGUDOS.

1. Di "clave de SOL" con voz aguda.

3. Tu profesor tocará sonidos **GRAVES** o **AGUDOS**. Coloca la M.D. o M.I en la clave que corresponda.

¡A escribir!

2. Encierra los personajes que cantan en clave de SOL.

¡Escuchemos!

4. Escucha la pista de audio y señala cada clave que mencione.

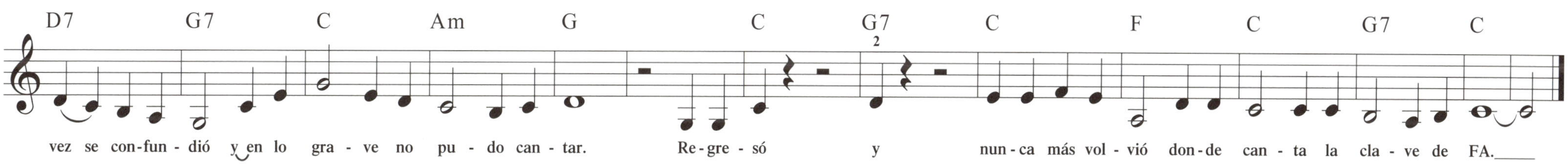

23

Amigos en el mar

Canción con DO-RE-MI en claves de SOL y FA

Consejos de tus amigos:

1. Señala cada nota diciendo su **nombre** mientras tu profesor toca.
2. Escribe ***f*** o ***p*** para cada amigo al inicio de cada verso.
3. Toca en el piano mientras cantas la letra, las notas o los números de dedos.

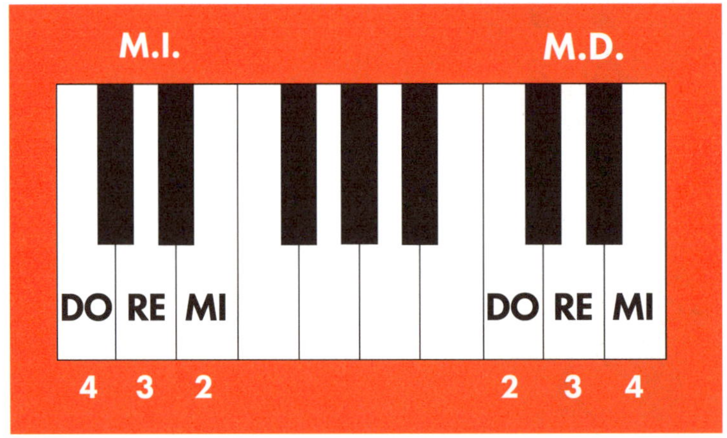

Tradicional, letra adaptada

☐ Car - los re - ma por el mar, por el mar, por el mar,

☐ Ka - ty vi - no a sur - fear, a sur - fear, a sur - fear,

☐ Dan - te pes - ca sin pa - rar, sin pa - rar, sin pa - rar,

☐ Roc - co quie - re ya na - dar, ya na - dar, ya na - dar,

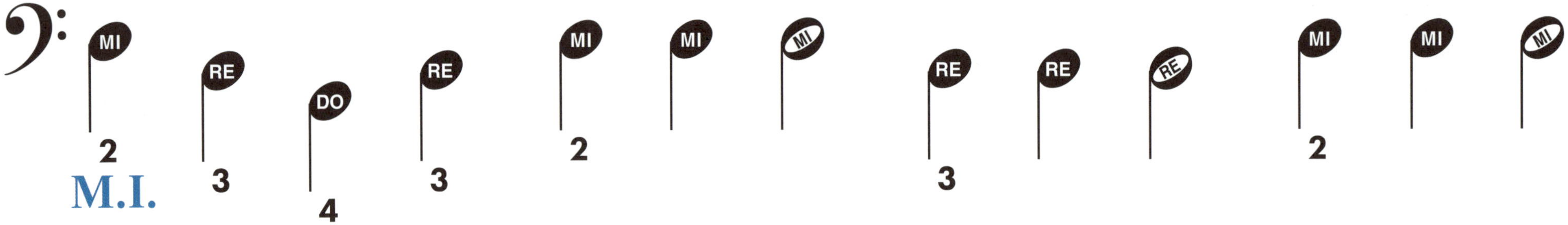

Acompañamiento para el profesor (el alumno toca en el registro AGUDO):

M.D.

Car - los re - ma por el mar ba - jo‿el sol bri - llan - te.
Ka - ty vi - no a sur - fear ba - jo‿el sol bri - llan - te.
Dan - te pes - ca sin pa - rar ba - jo‿el sol bri - llan - te.
Roc - co quie - re ya na - dar ba - jo‿el sol bri - llan - te.

¡A escribir!

1. Imagínate el sonido de cada imagen. Encierra 𝄞 o 𝄢 según corresponda.
2. Tu profesor creará sonidos en el piano para cada imagen.

La redonda = 4 tiempos

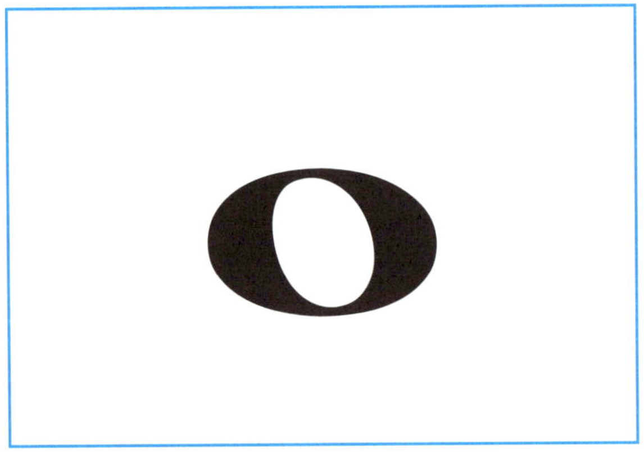

1. Di "redonda" ***forte*** y luego ***piano***, con voz aguda y voz grave.

Cuenta: **1 - 2 - 3 - 4**   **1 - 2 - 3 - 4**

Ta - a - a - a   Ta - a - a - a

2. Marca el ritmo y cuenta en voz alta, primero ***forte***, y luego ***piano***. Mantén cada nota por 4 tiempos.

¡A escribir!

3. Dibuja una redonda en cada vagón del tren.
   Dibuja CUATRO líneas por vagón, para señalar **4 tiempos**.

¡Haz ritmo!

1. Usa una dona de dedos 3 y 1 en cada "ritmo de tren".
   Toca en **DO**, luego en **RE** y en **MI.** ¡Cuenta en voz alta!

24 Ritmos de tren

Sigue el pulso

¿Cuál de las manos toca?

____

¿Cuál de las manos toca?

____

¡Escuchemos!

2. Tu profesor tocará el ritmo de un vagón en **DO**, **RE** o **MI**.
   Señala el vagón correcto y dí el nombre de la tecla.
   ¡Ahora cambien de rol!

25

El cerdito granjero

Canción con redondas en teclas negras

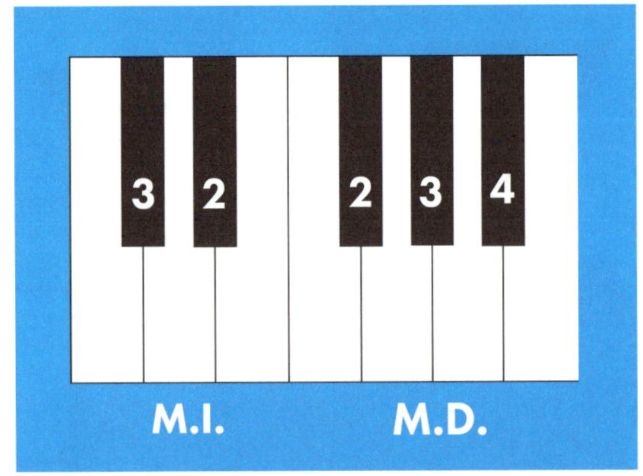

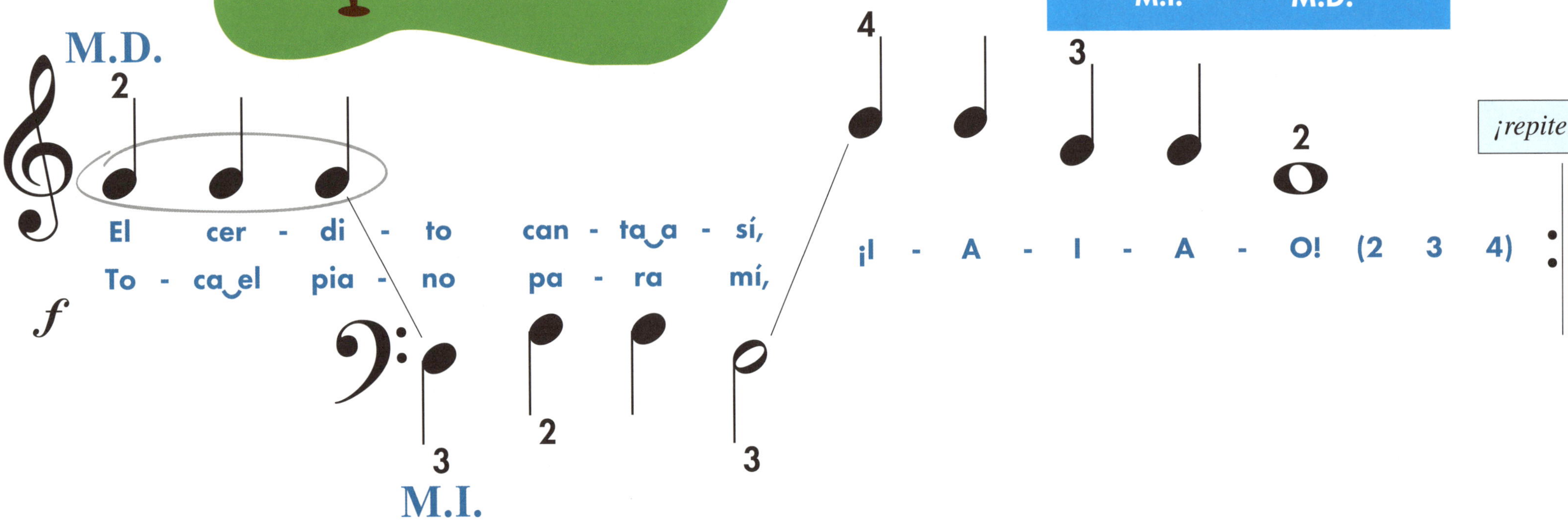

Acompañamiento para el profesor (el alumno toca en el registro AGUDO):

pianoadventures.lat/myfirst

Consejos de la granja: (pp. 60–61)

1. Encuentra y encierra en círculos dos claves de 𝄞 y dos claves de 𝄢. Luego encierra las notas repetidas.
2. Señala las notas mientras tu profesor toca la canción.
3. Toca mientras dices los números de dedos o la letra.
4. Toca con acompañamiento y luego inventa tu propia melodía granjera. Usa solo **teclas negras**. Cuando tu profesor diga "vuelve a la granja" toca de nuevo la primera página para terminar.

♩ ¿Puedes encontrar a Tap?

Para terminar, repite la primera página.

¡A escribir!

1. Dibuja un punto grande y luego una línea curva hacia la derecha.

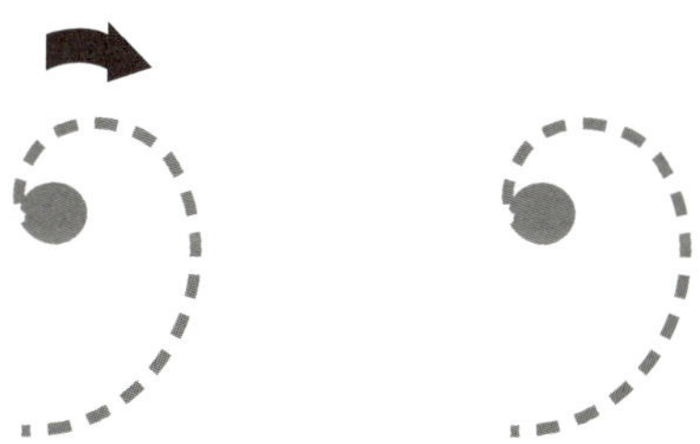

2. Dibuja dos puntos al lado de cada clave.

3. Intenta más veces sin guías. ¡Encierra la que quede mejor!

La canción del pastorcito

26

Canción con redondas en teclas negras

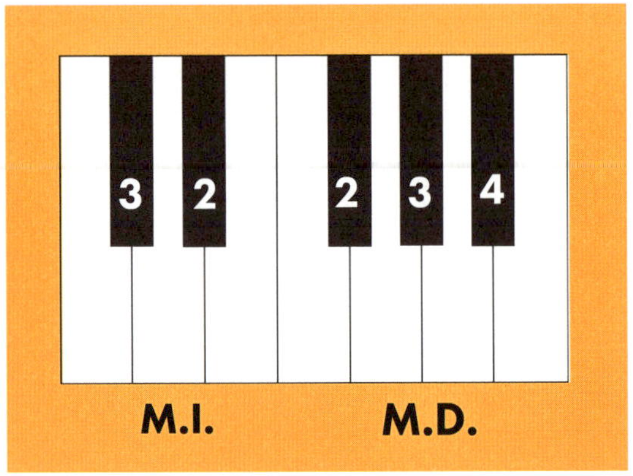

¡Este es un patrón rítmico!

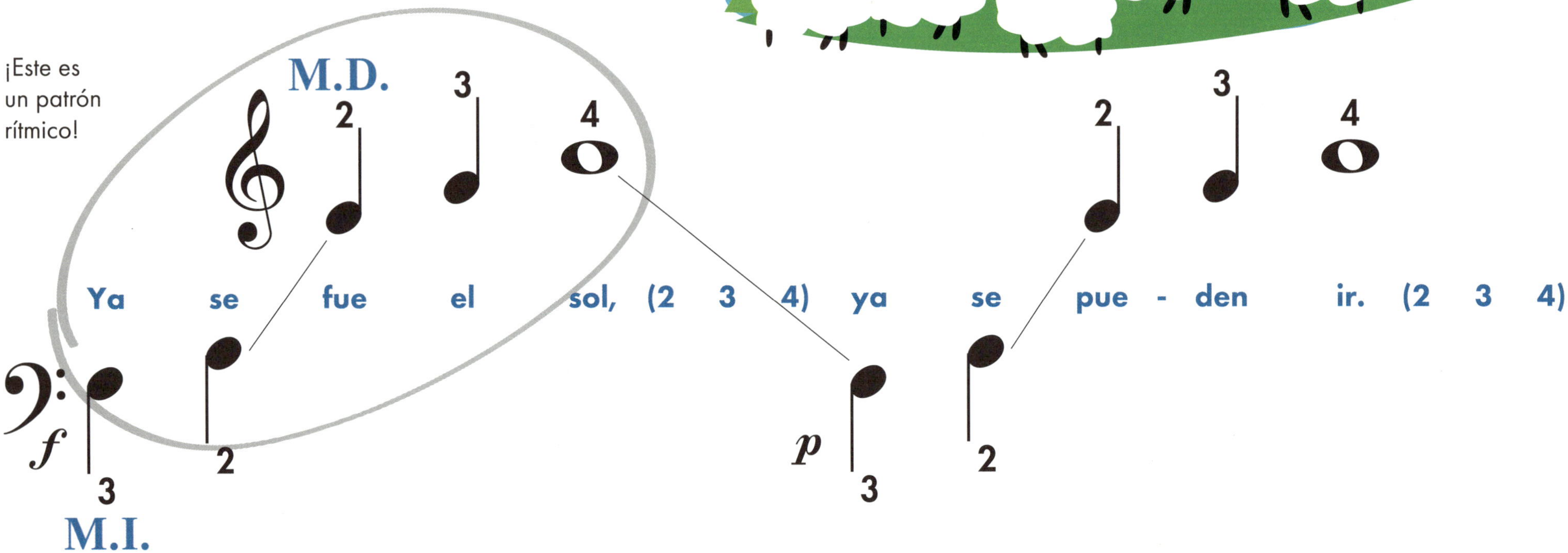

Acompañamiento para el profesor (el alumno toca en el registro AGUDO):

pianoadventures.lat/myfirst

Consejos de Carlos (pp. 62–63):

1. Encierra el patrón rítmico del inicio dos veces más.
2. Señala las notas mientras tu profesor toca la canción. Puede que te pida que cuentes en voz alta.
3. Toca en el piano mientras dices los números de dedos o la letra. Tu profesor puede presionar el pedal mientras tocas.
4. Inventa tu propia melodía de pastorcito en teclas negras mientras tu profesor toca el acompañamiento. Para terminar, toca suavemente la tecla negra más aguda del piano.

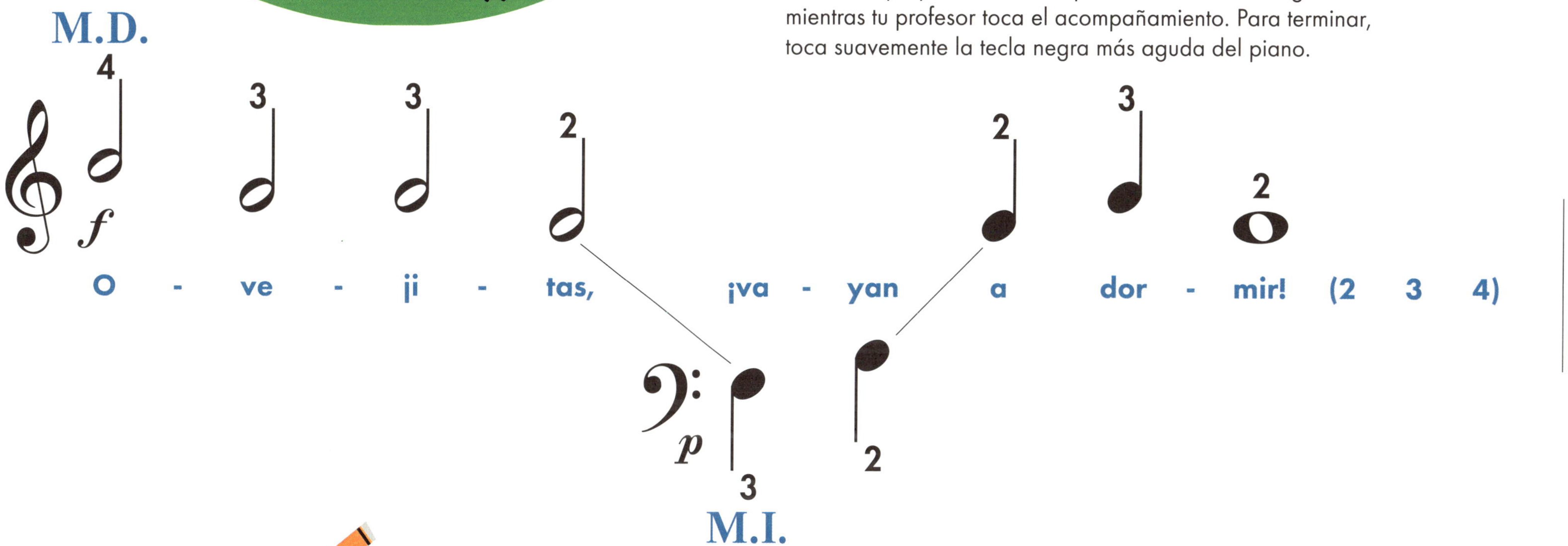

¡A escribir!

1. Dibuja un gancho.
2. Dibuja medio círculo en la parte de arriba.
3. Sigue hacia la izquierda y hacia abajo, cruzando la línea recta, como un caracol.
4. Intenta más veces sin guías. ¡Encierra la que quede mejor!

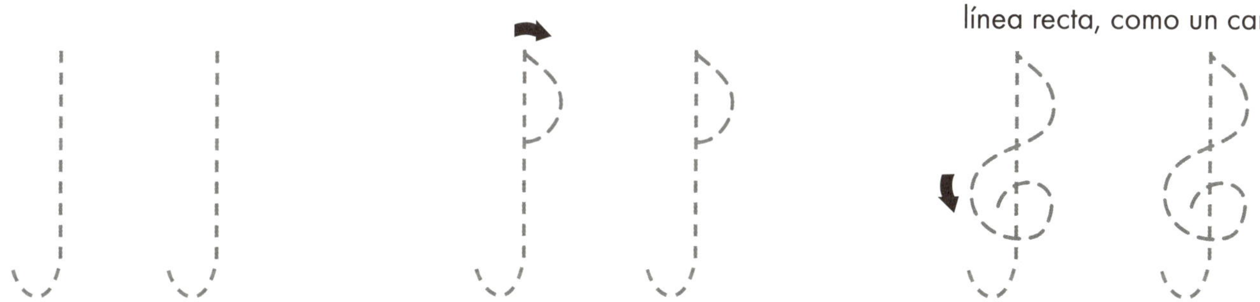

La escala musical 27

Explora las notas por pasos

1. ¿Puedes decirle o cantarle la escala musical a tu profesor?

La **escala musical** tiene **7** notas.

2. Copia los nombres de las notas.

3. Comienza con **DO**.

   Señala cada nota y di su nombre en voz alta.
   Estás SUBIENDO por la escala musical.

4. Comienza con **SI**.

   Señala cada nota y di su nombre en voz alta.
   Estás BAJANDO por la escala musical.
   ¡Canta la escala musical con la pista de audio!

Subiendo la dona a la montaña

28

SUBE TU DONA A LA MONTAÑA

1. Haz una **dona de M.I., dedos 3 y 1**. Imagina que estás subiendo la dona a lo alto de una montaña (el teclado del piano).
2. Comienza en el **DO** más grave. Toca y di el nombre de las notas SUBIENDO por el teclado: **DO RE MI FA SOL LA SI**.
3. Descansa en cada **SI** para que Dante pueda "tomar aire".
4. Al llegar al CENTRO del teclado, pasa la "dona" a los dedos 3 y 1 de la M.D. Sigue subiendo la dona a lo más alto del teclado. Sigue diciendo los nombres de las notas en voz alta mientras subes.
5. ¡Termina en el **DO** de DO-na! Imagina que te la comes. ¿De qué sabor es?

¡Haz técnica!

1. El patrón de la *Marcha nupcial* debe tocarse **7 veces** para que la novia llegue hasta donde está el novio.
2. Después de tocar esta canción, intenta improvisar ritmos roqueros junto con tu profesor mientras escuchan la pista de audio. Toquen cualquier tecla **DO** o **FA** con los **dedos 3**.

30

29

Boda en la selva

DO y FA en todo el teclado

Junto a los grupos de 2 teclas negras se encuentra **DO**.

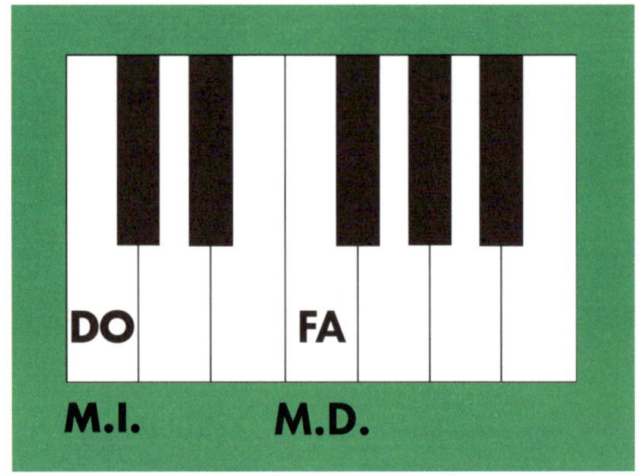

Junto a los grupos de 3 teclas negras se encuentra **FA**.

M.D. 3 — FA FA FA

f Ha - cia‿el al - tar

M.I. 3 — DO

sube

Comienza en los **DO** y **FA** MÁS GRAVES.

M.D. 3 — FA FA FA

dos mo - nos van,

M.I. 3 — DO

SUBE al siguiente **DO** y **FA**.

¡Sigue subiendo!

Continúa SUBIENDO a los siguientes **DO** y **FA** con la LETRA RESTANTE.

f

M.I. 3 DO — se

M.D. 3 FA FA FA — ca - sa - rán

M.I. 3 DO — en

M.D. 3 FA FA FA — un man - glar.

LETRA RESTANTE:
Diez chimpancés
les cantarán
al terminar.

¡A escribir!

Escribe **DO** y **FA** en las teclas correspondientes abajo.

¡Aventúrate!

Toca con el pulgar

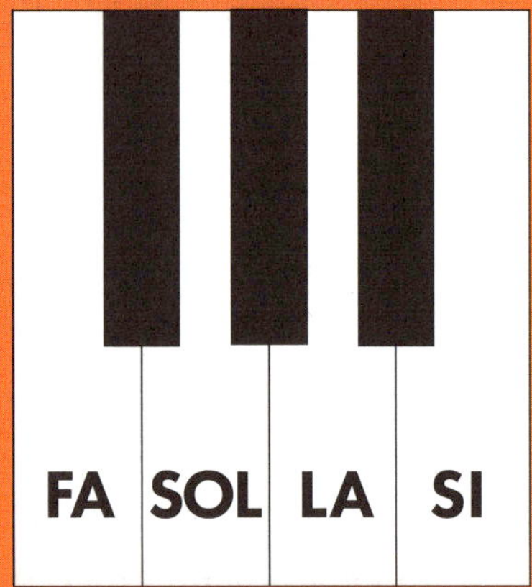

las 4 teclas blancas debajo de las 3 teclas negras

Toca cada grupo de **FA-SOL-LA-SI** diciendo los nombres de las notas. Usa una dona de dedos 1 y 2. ¡Ahora puedes tocar con tu pulgar!

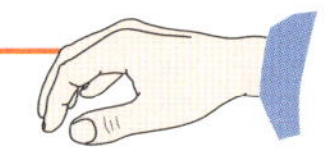

¡Haz técnica!

1. Haz el juego de abajo con tu profesor para encontrar una nueva posición de la M.D. Comienza en **FA**.
2. Repite en **SOL**, luego **LA** y **SI**. Ahora intenta con el pulgar de la M.I.

Juego del pulgar sigiloso

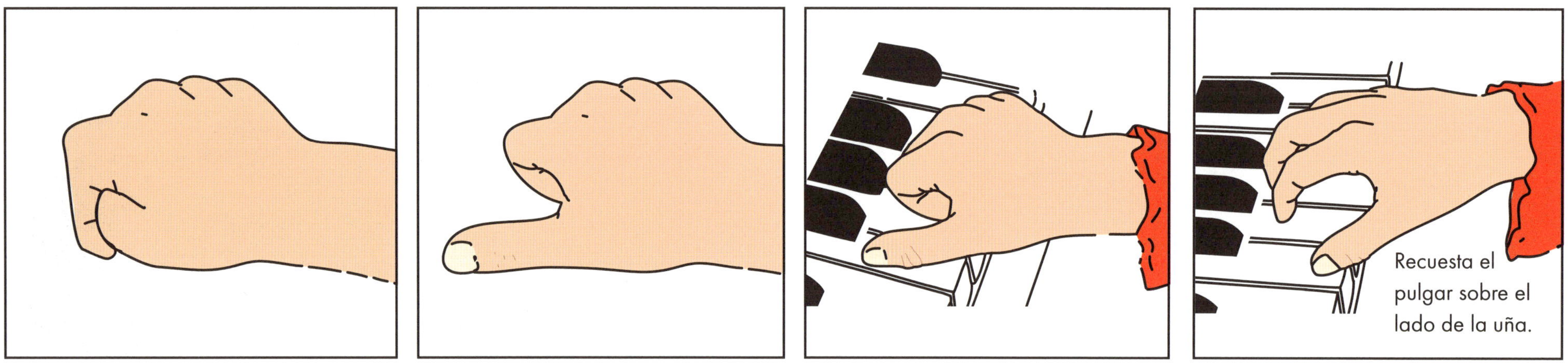

Di "esconde el pulgar".

Esconde el pulgar de tu M.D. dentro del puño.

"Sigiloso sal".

Deja salir el pulgar mientras los demás dedos "se esconden".

"Encuentra el FA".

En el piano, lleva sigilosamente el pulgar derecho a la tecla **FA**.

"¡Afuera van!"

Deja "salir" a los demás dedos y repósalos en las teclas. Mantén tu mano redonda.

Tren cumpleañero

31

Canción con FA-SOL-LA-SI

1. Pon tus "pulgares sigilosos"en **FA** con la M.D. y **DO** con la M.I.
2. Toca mientras cantas los números de dedos, las notas o la letra. ¡Escucha cómo el tren se va "alejando" al final!

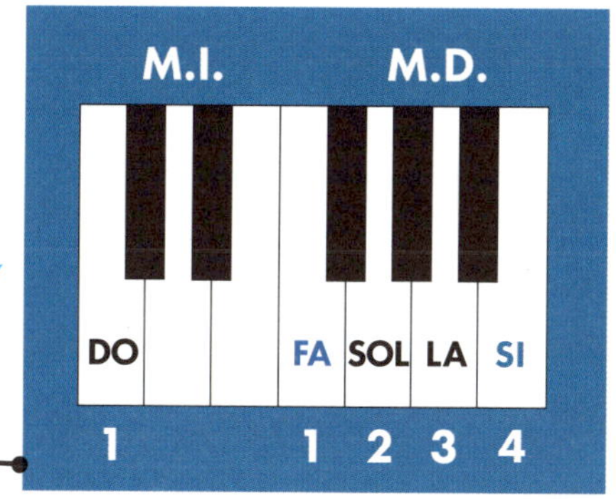

FA y **SI** rodean las **3 teclas negras.** ¡Tócalas juntas para que suene el tren!

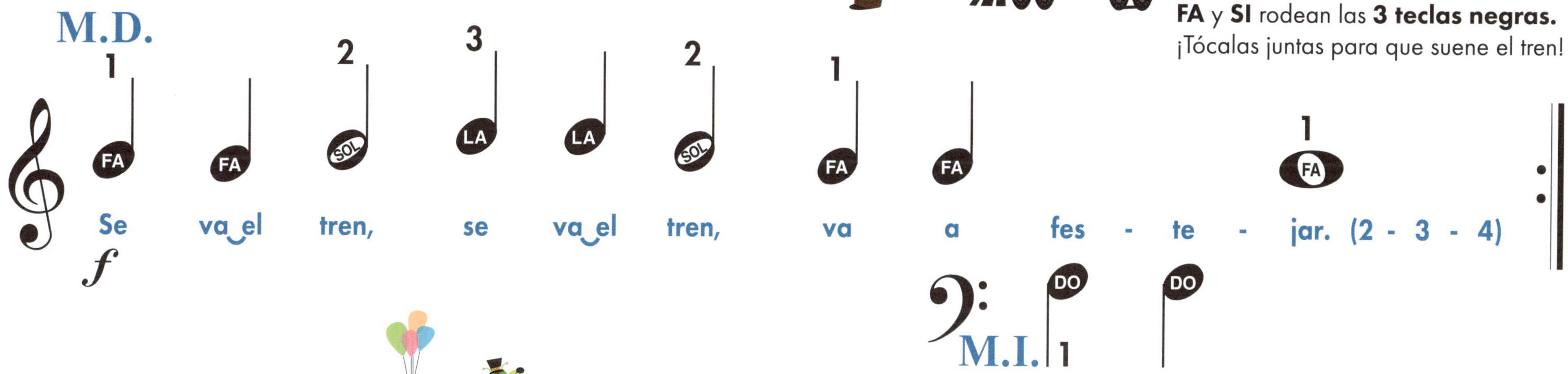

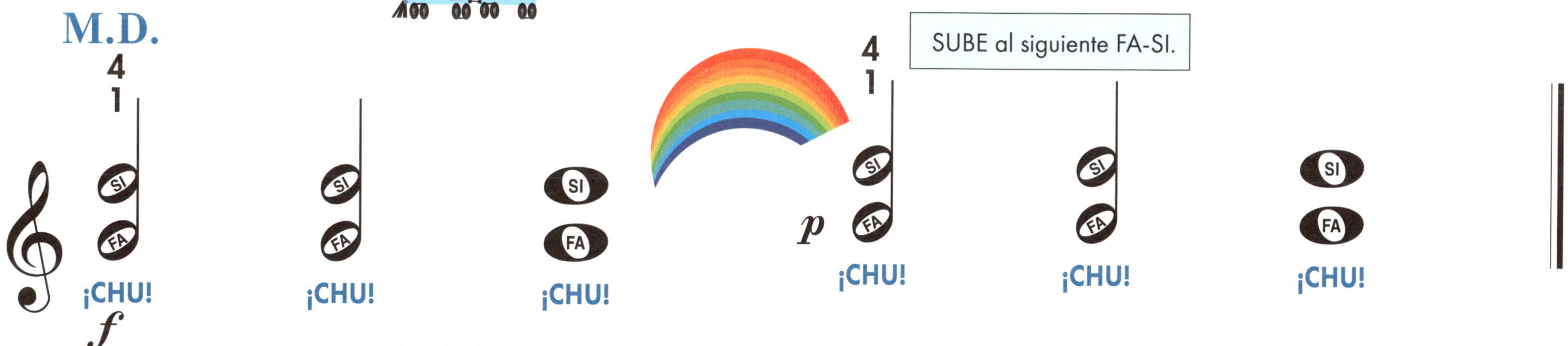

Acompañamiento para el profesor (el alumno toca en el registro AGUDO):

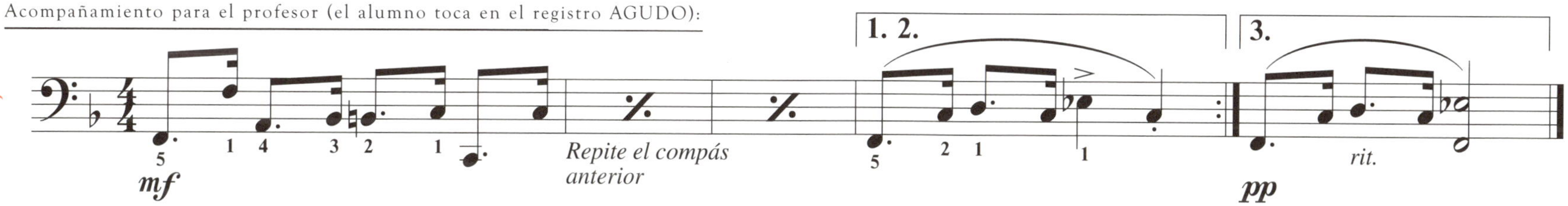

32 Quisiera ser un pez

Canción con FA-SOL-LA-SI

Consejos de Dante:

1. Encuentra la posición. Pon el "pulgar sigiloso" de la M.D. en **FA** y el de la M.I. en **DO**.
2. Toca mientras cantas los números de dedos, las notas o la letra.

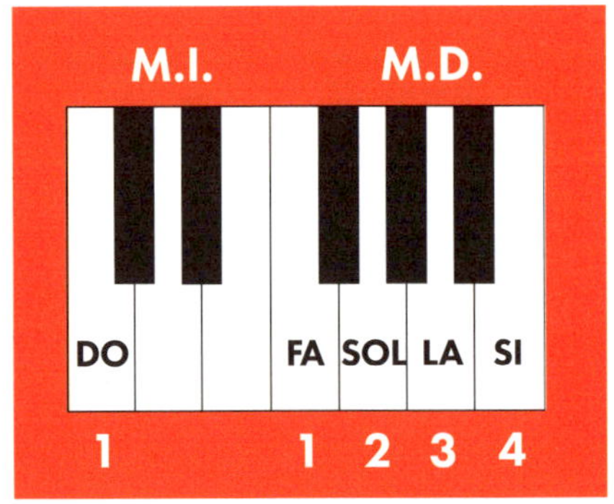

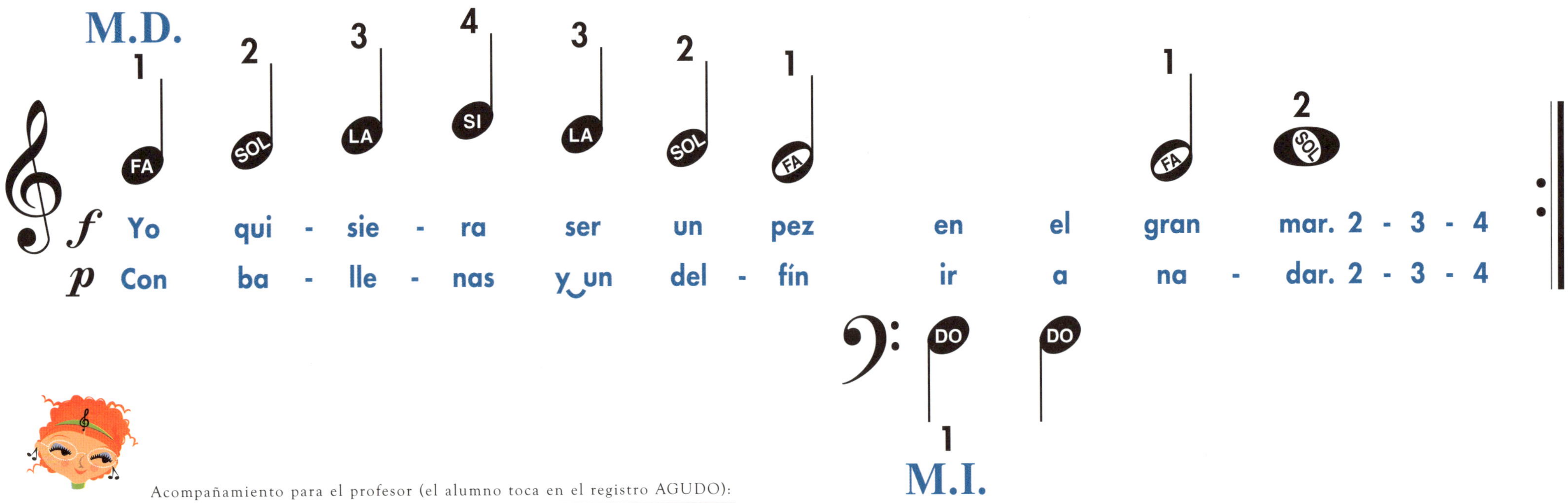

Acompañamiento para el profesor (el alumno toca en el registro AGUDO):

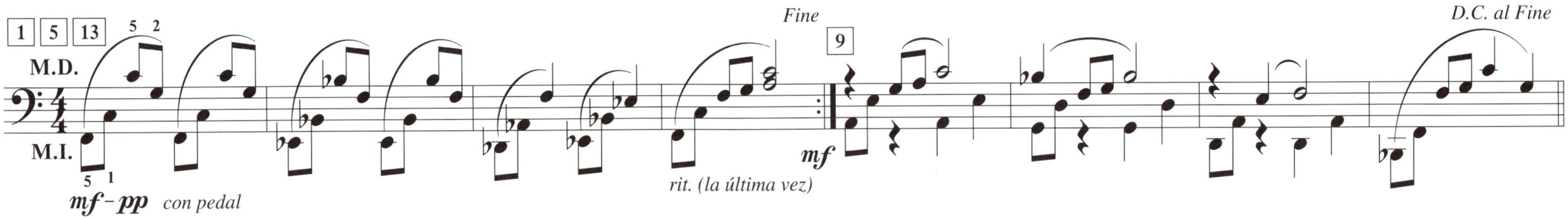

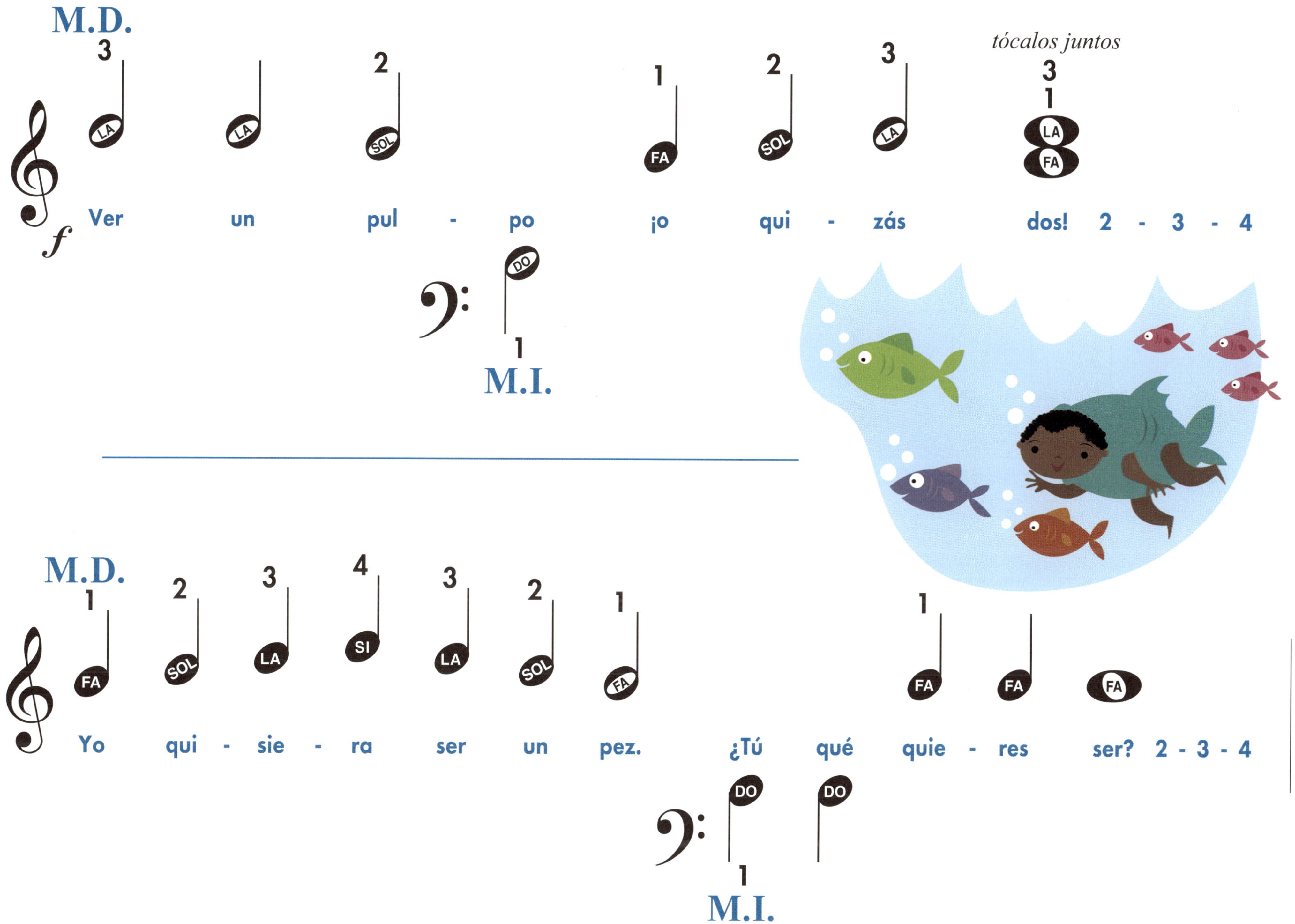
M.D.
tócalos juntos
Ver un pul - po ¡o qui - zás dos! 2 - 3 - 4
M.I.
M.D.
Yo qui - sie - ra ser un pez. ¿Tú qué quie - res ser? 2 - 3 - 4
M.I.

33 ¡Quiero yo comer!

Técnica: dedos firmes en notas repetidas

Consejos de Carlos y Katy:

1. Encierra todas las notas repetidas.
2. Señala cada nota diciendo su **nombre** mientras tu profesor toca.
3. Encuentra la posición de las manos. ¡Toca con dedos firmes mientras dices los números de dedos!

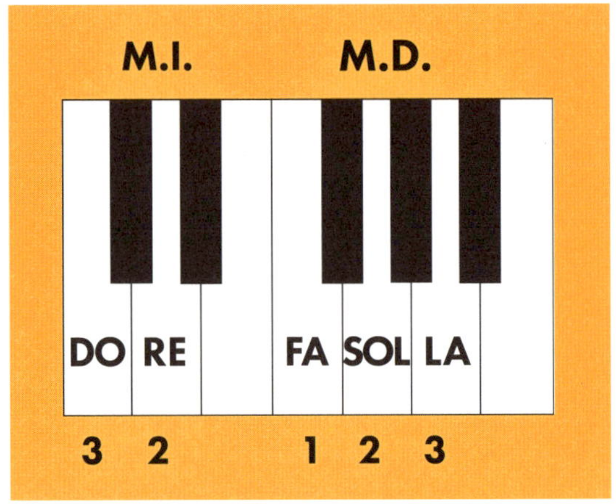

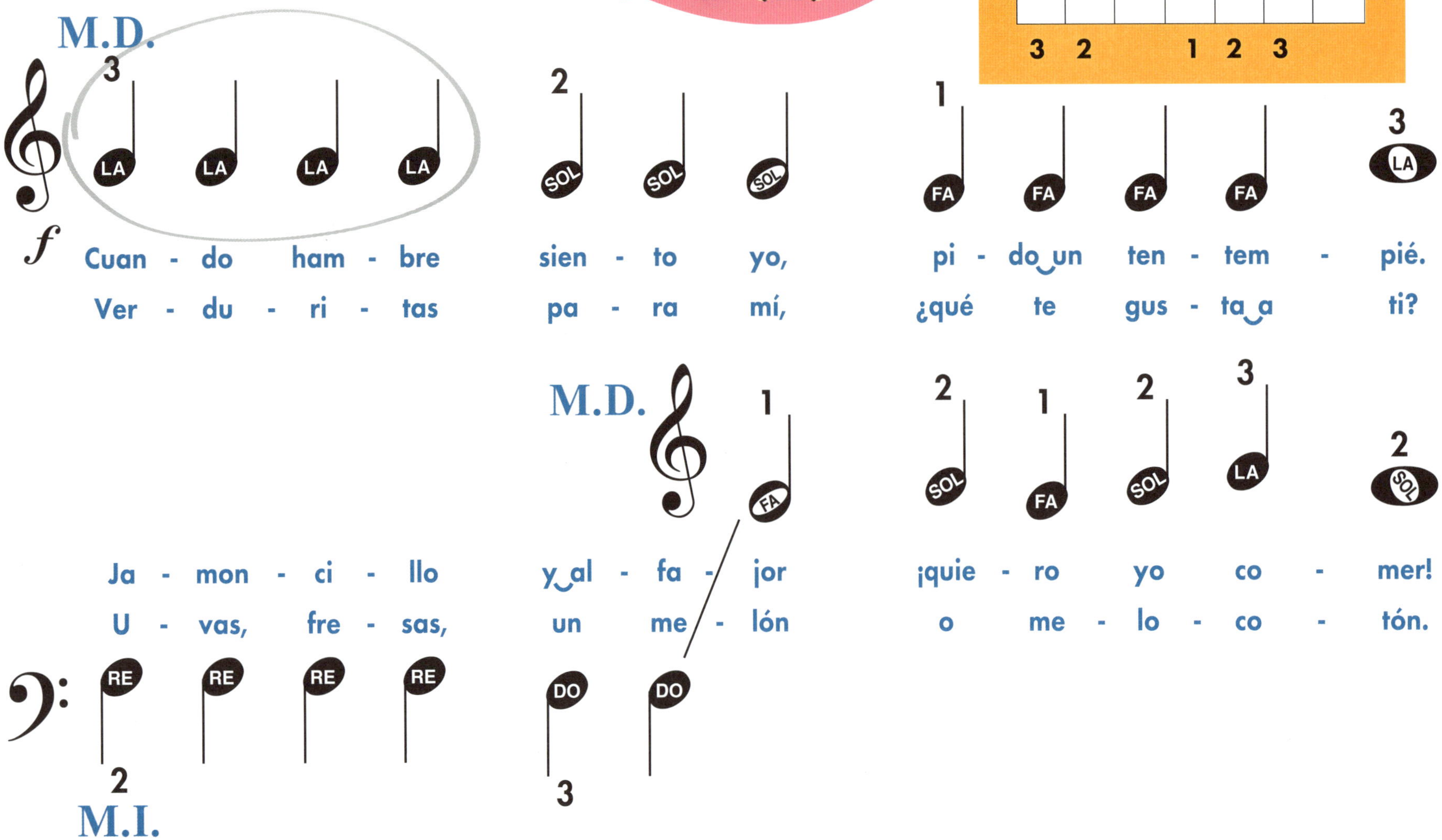

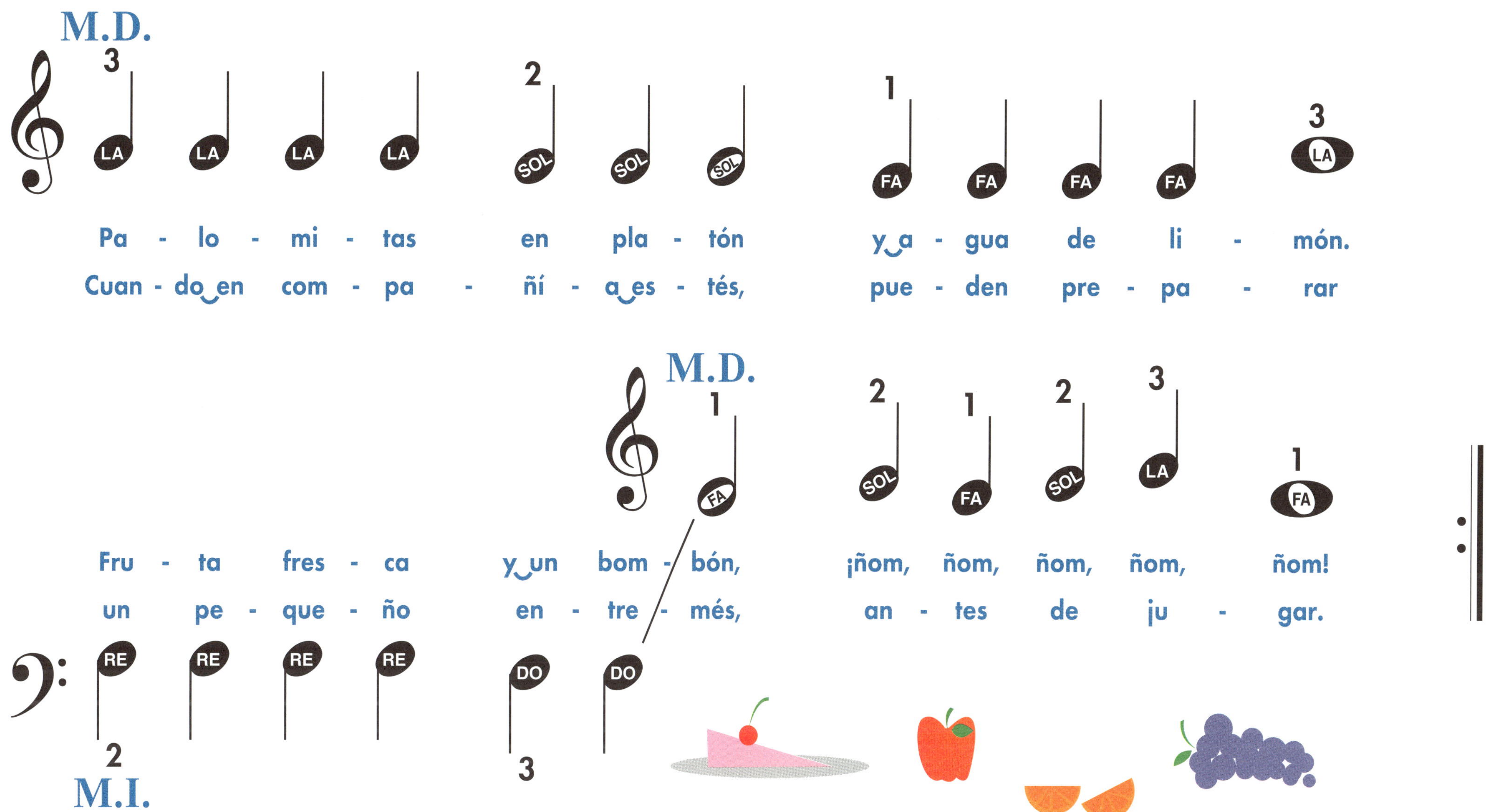

Acompañamiento para el profesor (el alumno toca en el registro AGUDO):

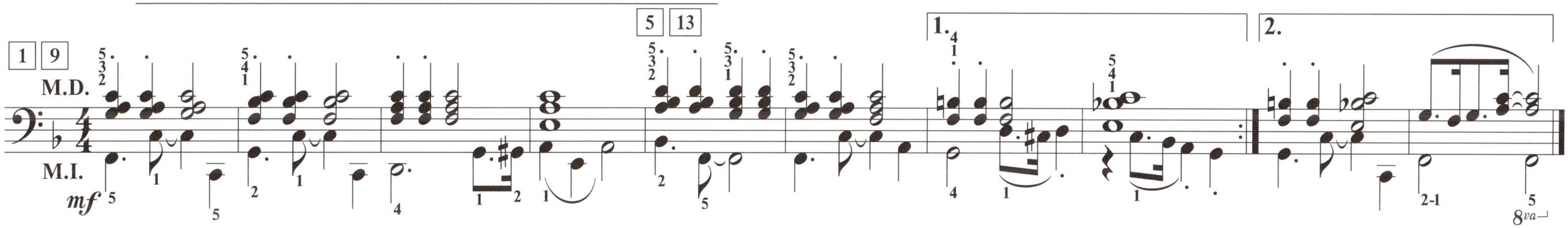

Si te sientes muy feliz

34

Dueto para alumno y profesor

¡Repasemos!

Instrucciones para el profesor:

1. El alumno identifica cada **nota con estrellita** en la p. 75.
2. El alumno practica encontrar rápidamente cada nota con estrella en el teclado.
3. Toca la canción o reproduce la pista de audio. El alumno toca cada nota dos veces según la letra*.

Melodía para el profesor

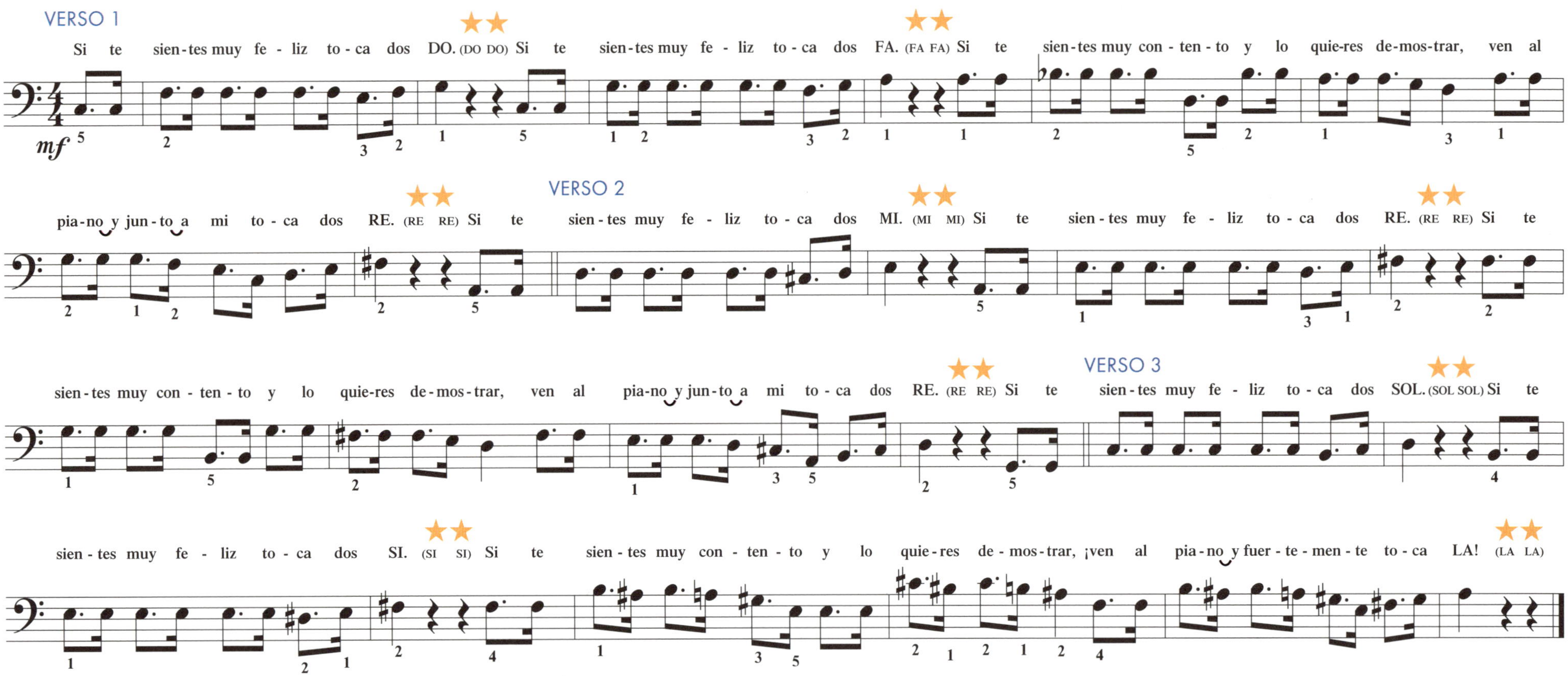

* ★★ = alumno

Parte del alumno:

Verso 1:

Si te sientes muy feliz toca DOS

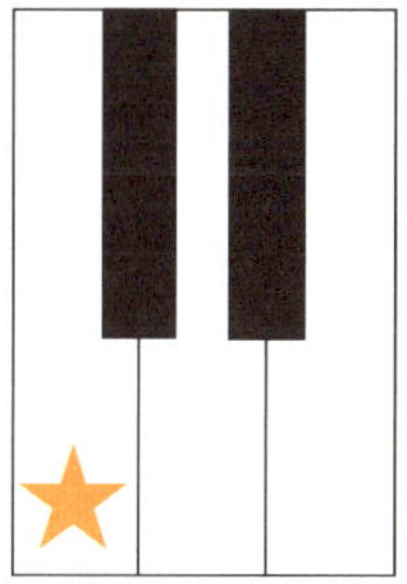

DO.

Si te sientes muy feliz toca DOS

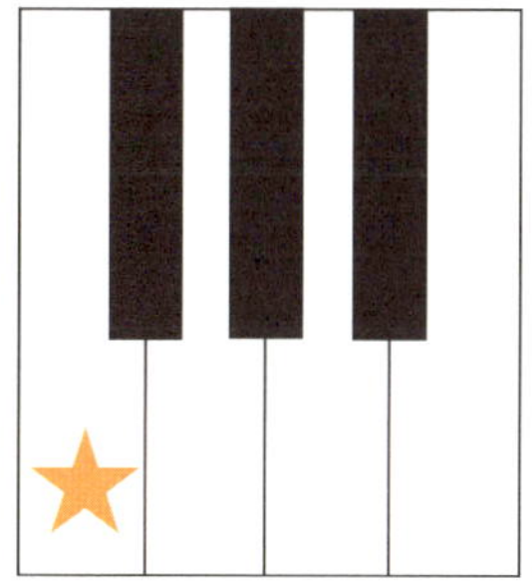

______.

Si te sientes muy contento
y lo quieres demostrar,
ven al piano y junto a mí toca DOS

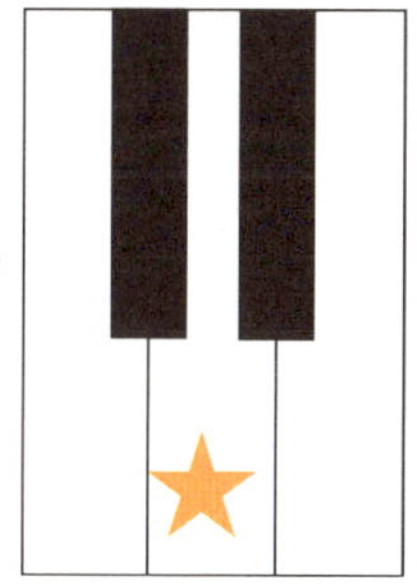

______.

Verso 2:

Si te sientes muy feliz toca DOS

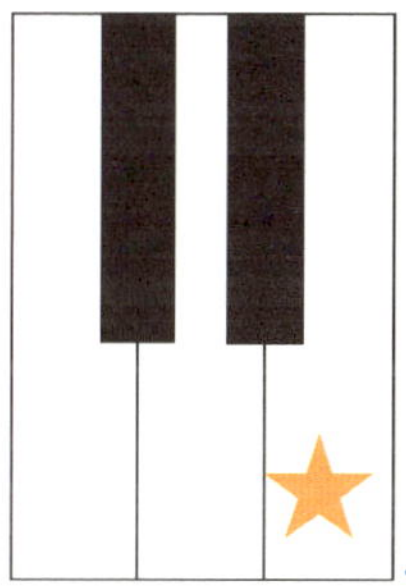

______.

Si te sientes muy feliz toca DOS

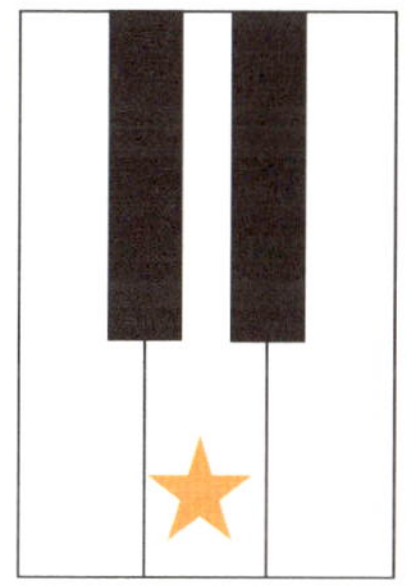

______.

Si te sientes muy contento
y lo quieres demostrar,
ven al piano y junto a mí toca DOS

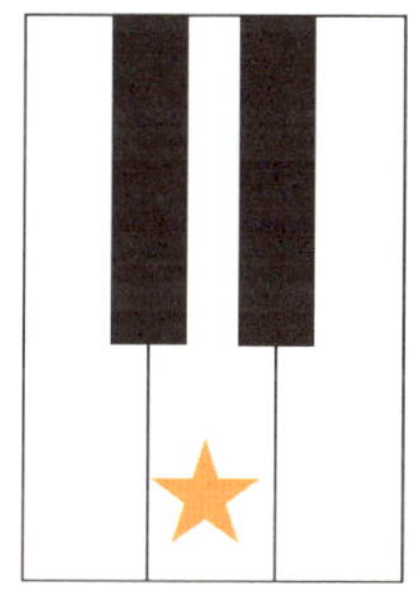

______.

Verso 3:

Si te sientes muy feliz toca DOS

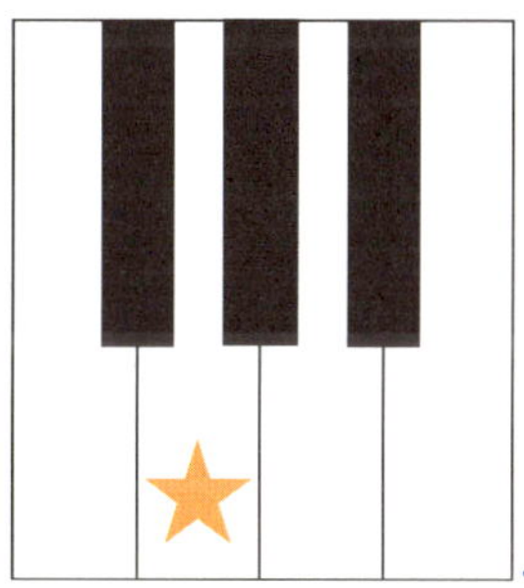

______.

Si te sientes muy feliz toca DOS

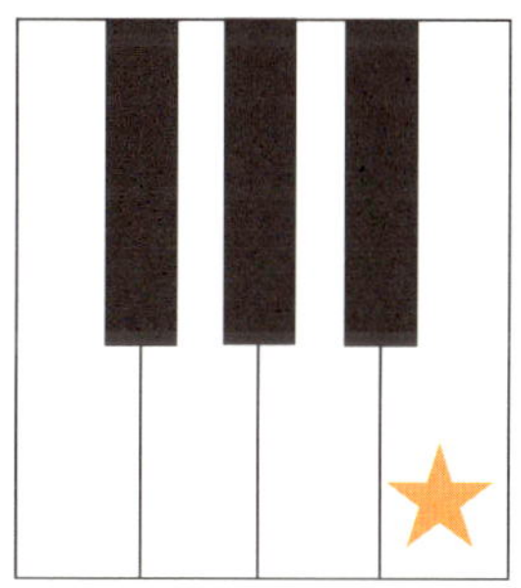

______.

Si te sientes muy contento
y lo quieres demostrar,
¡ven al piano y *fuertemente* toca

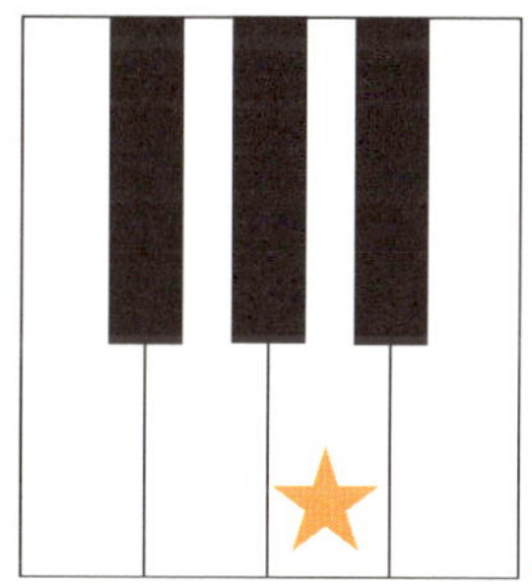

______!

Mi escala de DO (M.I.) 35

Toca con dedos 5, 4, 3, 2 y 1 de la M.I.

Escala de DO de 5 dedos M.I.

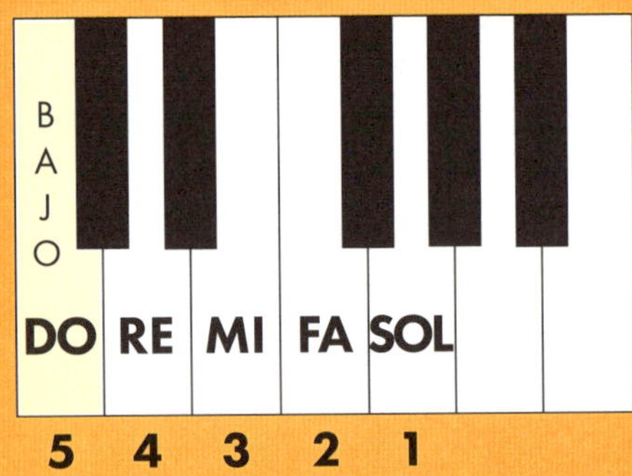

En la música, una escala es como una escalera para SUBIR o BAJAR de una nota a la siguiente.

Comienza en DO BAJO.

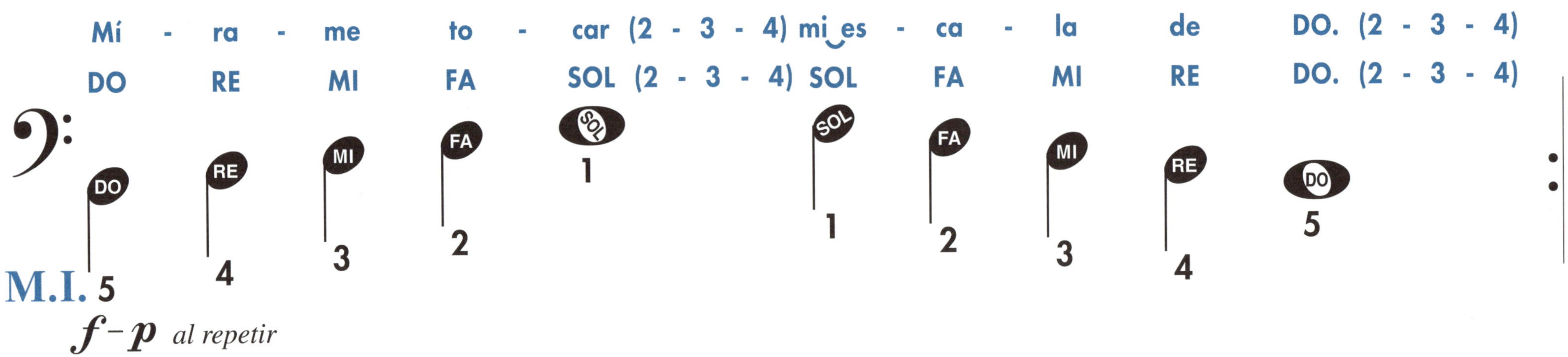

Mi escala de DO (M.D.)

Toca con dedos 1, 2, 3, 4 y 5 de la M.D.

¡Haz técnica!

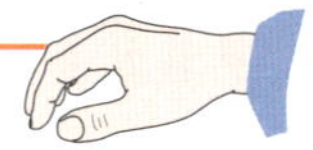

1. Haz *Piedra en la montaña* con cada mano para calentar (pp. 12-13).
2. En la tapa cerrada del piano, toca y di los **números de dedos** de cada mano.
3. Luego, toca diciendo los nombres de las notas. ¿Puedes ver tu "piedra"?

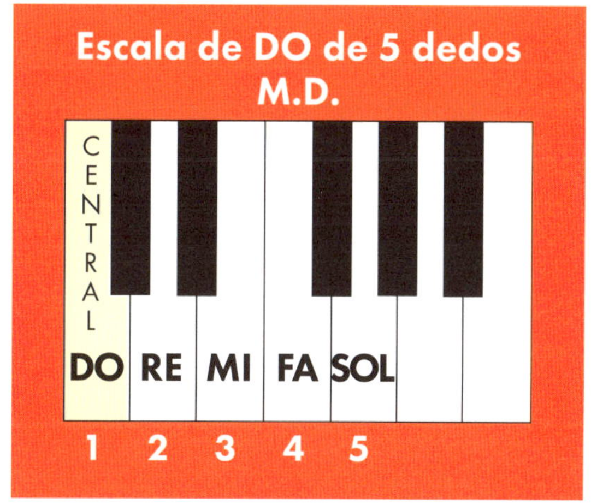

Comienza en DO CENTRAL.

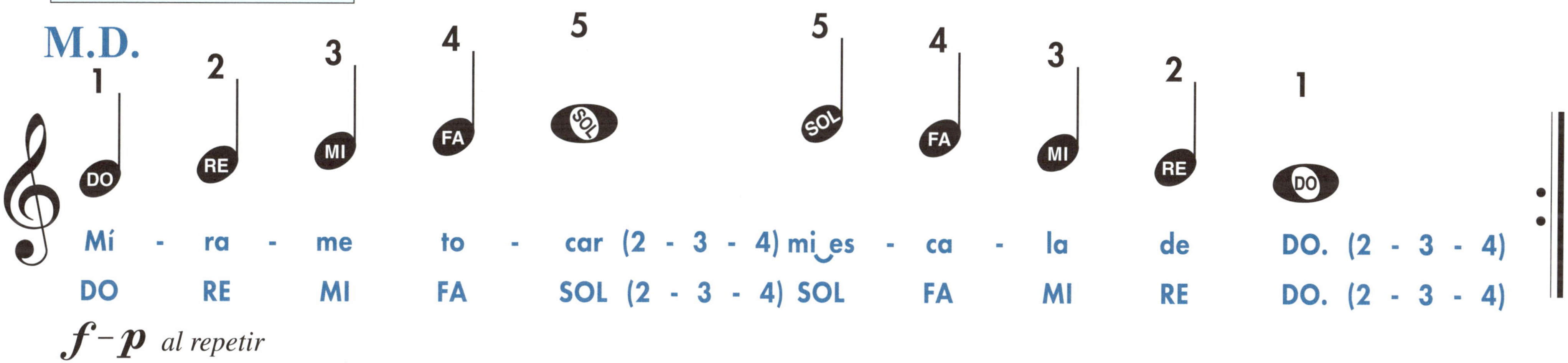

Acompañamiento para las páginas 76 y 77 (el alumno toca en el registro AGUDO):

El compás

Agrupando los tiempos

En la música, las notas se agrupan en **compases**.
Puedes imaginar que un compás es un cuarto musical.

Cada compás tiene el mismo número de tiempos (pulsos).
Las **barras de compás** dividen la música en compases.

Puedes imaginar que las barras de compás son los muros de los cuartos musicales.

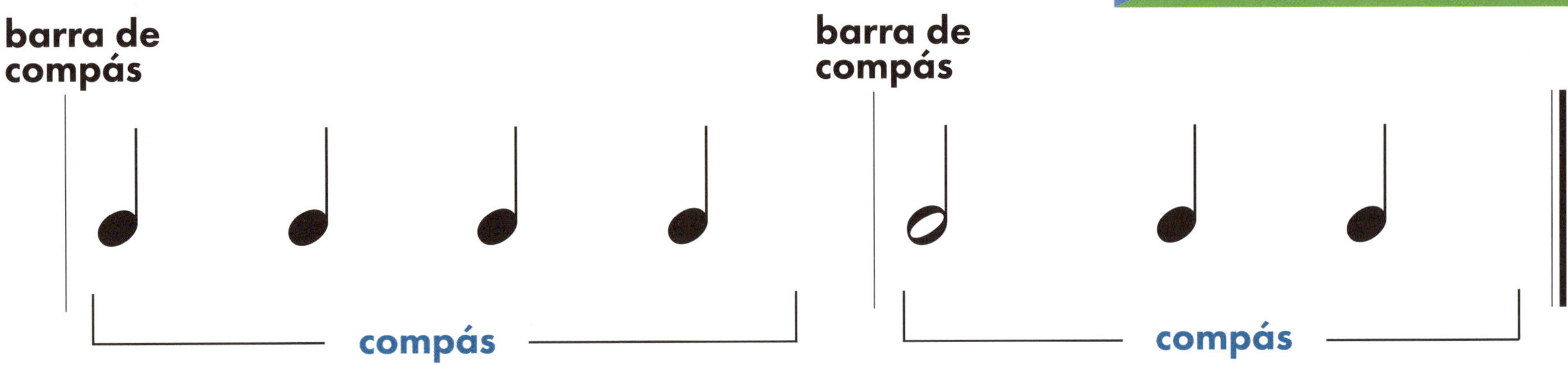

Repaso:
La doble barra indica el final de la pieza.

línea **delgada**
línea **gruesa**

¡A escribir!

1. Remarca las **barras de compás** de arriba.
2. ¿Cuántos tiempos tiene cada compás?
   Encierra la respuesta correcta en el cuadro azul.
3. Regresa a *Don Ratón* en la pág. 50.
   ¿Puedes dibujar barras de compás cada **4 tiempos**?

1 2 3 4

Consejos de Rocco:

1. Remarca las barras de compás.
2. Señala cada nota diciendo su **nombre** mientras tu profesor toca.
3. Coloca tus manos en la **escala de DO de 5 dedos**. Toca mientras cantas los números de dedos, las notas o la letra.

36

Rocco, el perrito

Escala de DO de 5 dedos

Acompañamiento para el profesor (el alumno toca en el registro AGUDO):

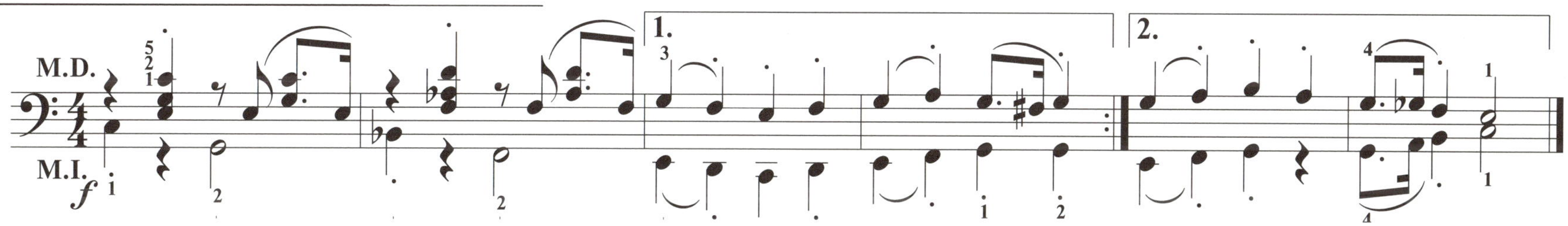

Toca dos veces, la 2.ª vez *p*.

37 Descansar en altamar

¡Escuchemos!

1. Escucha a tu profesor tocar el acompañamiento. Balancéate de lado a lado, como si estuvieras navegando en un bote.

¡A escribir!

2. Encierra las claves de SOL y de FA. Remarca las barras de compás.
3. Toca mientras cantas los números de dedos, las notas o la letra.

Escala de DO de 5 dedos

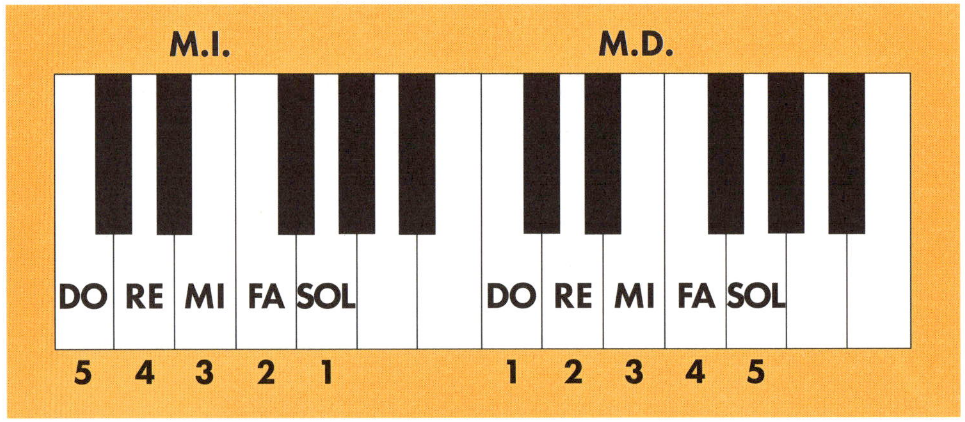

De - sea - rí - a des - can - sar en un bo - te‿en al - ta - mar.
Sub - ma - ri - nos ba - jo‿el mar y pi - ra - tas sin i - gual.

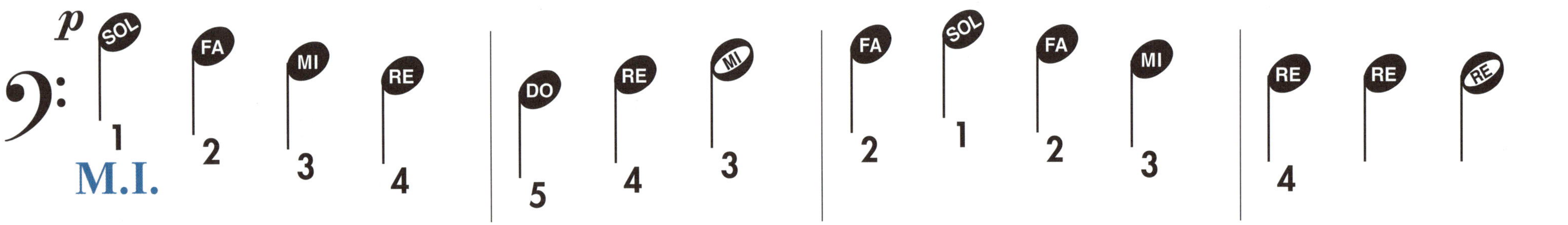

Acompañamiento para el profesor (el alumno toca en el registro AGUDO):

M.D.

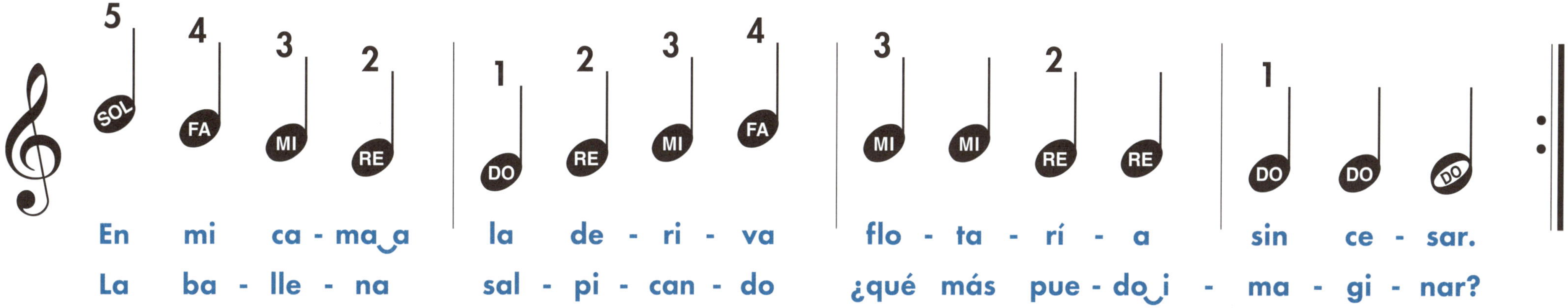

¡A escribir!

1. Dibuja 3 negras.

2. Dibuja 3 blancas.

3. Dibuja 3 redondas.

¡A componer!

A Mily le encanta brincar en charcos. ¿A ti también?

1. Compón tu propia melodía usando la **escala de DO de 5 dedos**.
2. En cada gota de lluvia, escribe un número de dedo:

   1   2   3   4   o   5

3. Luego toca la canción diciendo los números de dedos en voz alta.

¡Oigo truenos!

Inventa una melodía

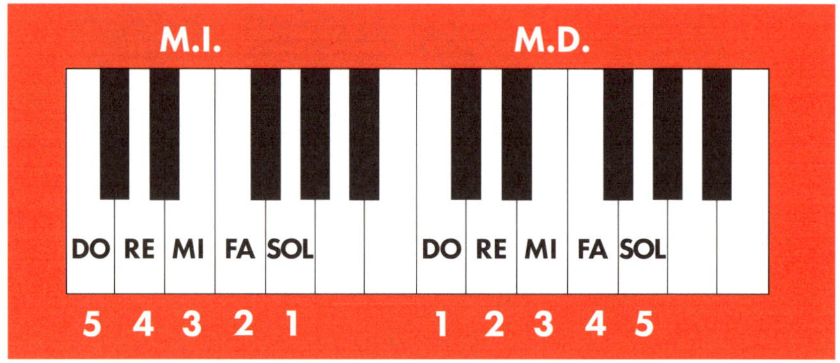

Introducción: truenos *forte*

1. Mantén presionado el pedal del lado derecho (de resonancia). Con la **M.I.** toca sonidos GRAVES, retumbantes.
2. Levanta el pedal y toca la canción.

Final: gotitas de lluvia *piano*

1. Con la **M.D.**, toca sonidos muy suaves y AGUDOS rápidamente. Detén la lluvia tocando más y más lento.
2. Haz una reverencia.

Usa los consejos de Rocco de la p. 79.

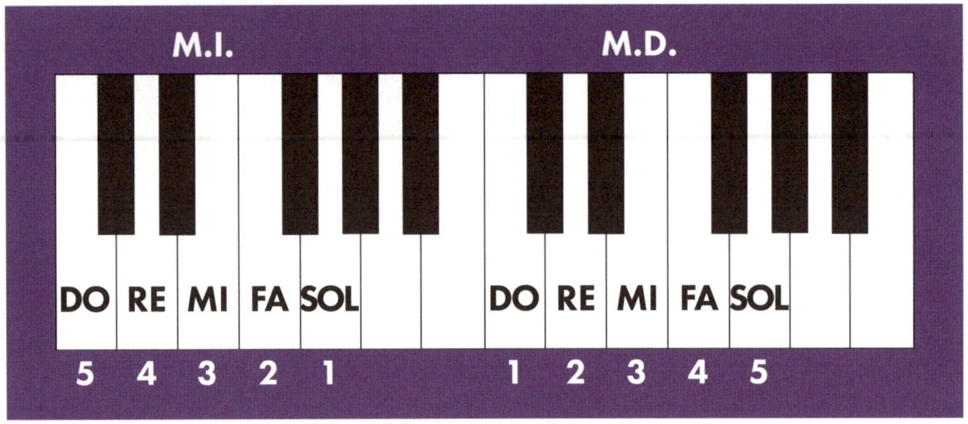

Araña pequeñita 38

Escala de DO de 5 dedos

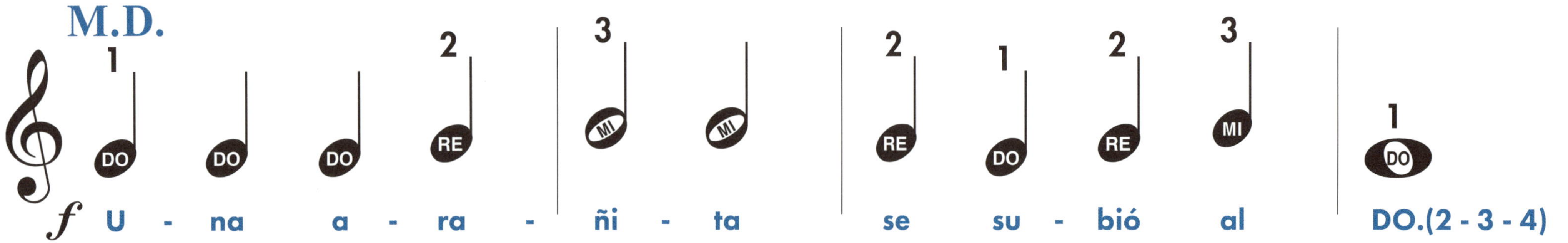

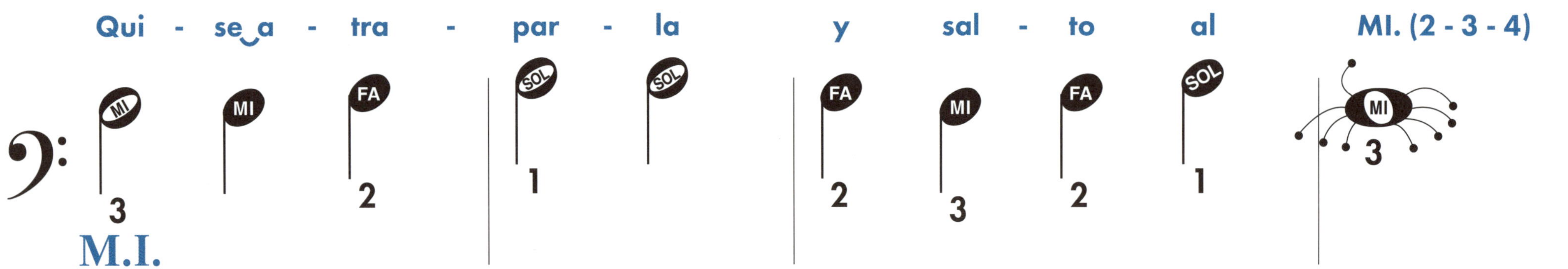

Acompañamiento para el profesor (el alumno toca en el registro MUY AGUDO):

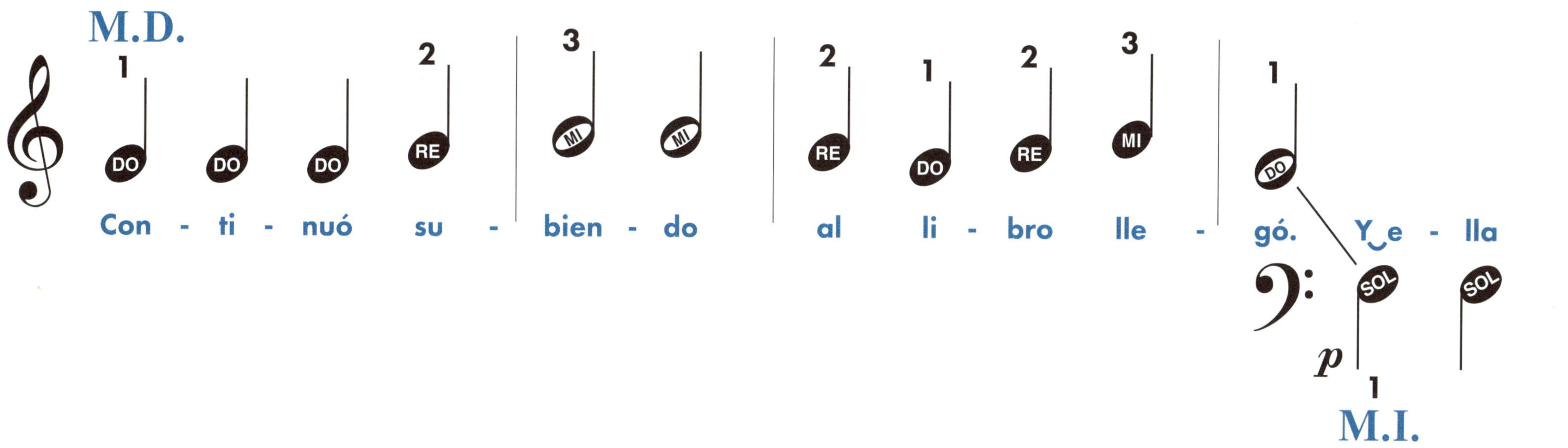

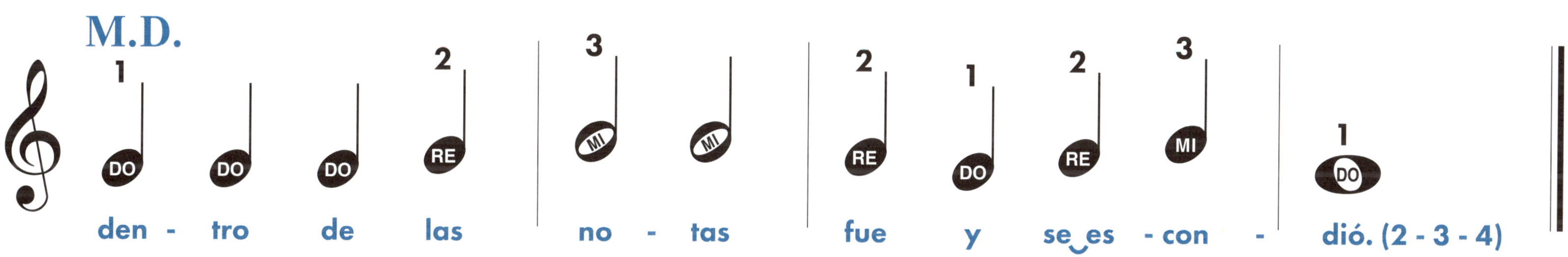

¿Puedes encontrar a la arañita musical?

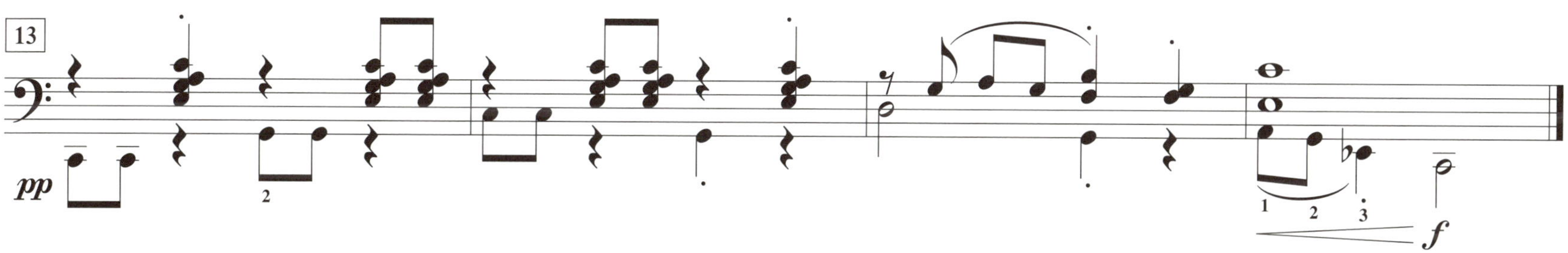

Mi graduación

39

Escala de DO de 5 dedos

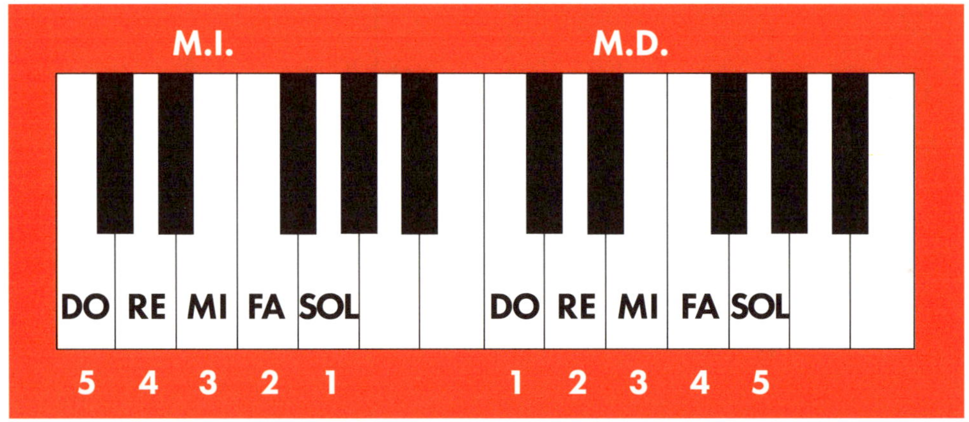

¡A escribir!

1. Encierra las claves de SOL y de FA.

¡Escuchemos!

2. Señala cada nota diciendo su **nombre** mientras tu profesor toca.
3. Luego toca la canción diciendo los números de dedos en voz alta.

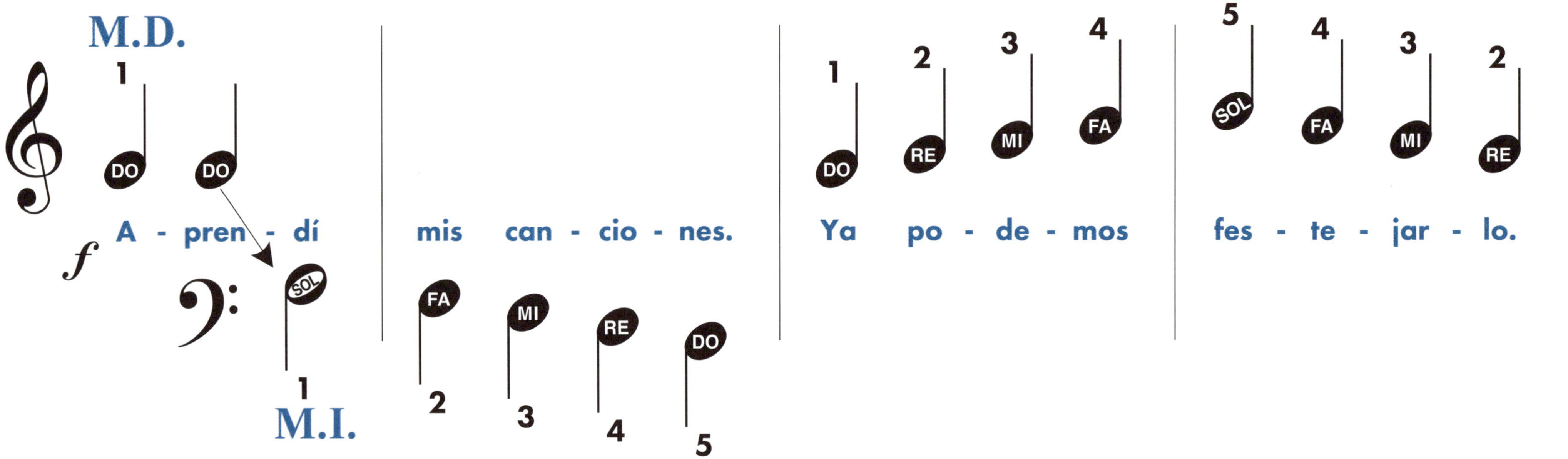

Acompañamiento para el profesor (el alumno toca en el registro AGUDO):

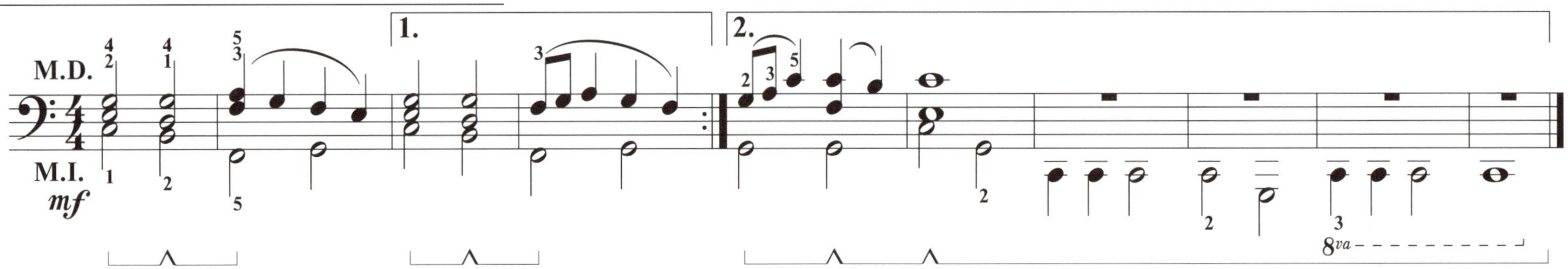

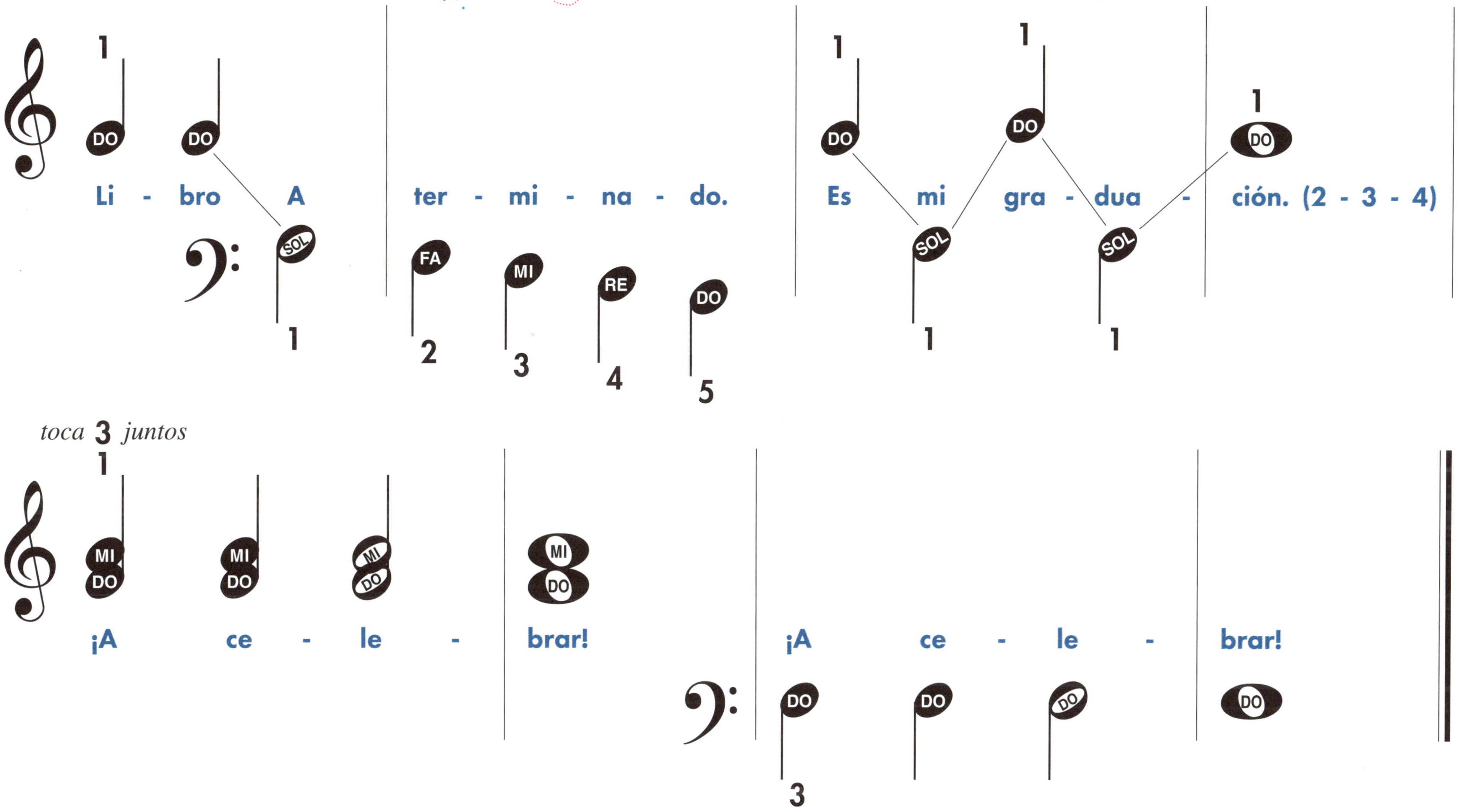

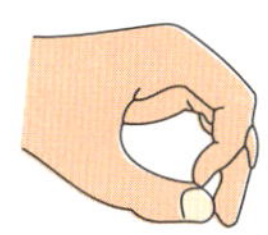

Toca cualquier **DO grave** con el dedo 3 apoyado por el pulgar.

Felicitaciones, amigo

____

(¡Firma y únete al grupo!)

Has completado
My First Piano Adventure® *Libro A*.
¡Te esperamos en el *Libro B*!